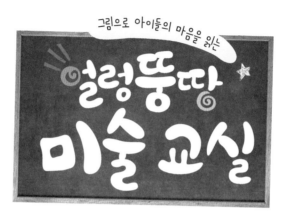

그림으로 아이들의 마음을 읽는

얼렁뚱땅
미술 교실

그림으로 아이들의 마음을 읽는

얼렁뚱땅
미술 교실

차승민 · 김태승 지음

푸른칠판

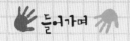
들어가며

아름다움을 즐길 줄 아는
미술 시간을 꿈꾸다

차쌤!! 쌤은 학급 운영 노하우나 영화 교육에만 관심 있는 줄
알았는데, 미술 수업도 그리 꿀잼으로 하신다면서요? 그리고 이번에
차쌤이 해 온 미술 수업을 책으로 엮게 되셨고요.

네. 그 전에 좀 부끄러운 고백부터 해야 할 것 같아요. 제가 그동안 진행해
온 '얼렁뚱땅 미술 교실'에 대한 이야기를 듣고 많은 선생님들이 제가 미술을
엄청 잘하거나 미술을 전공했다고 오해할 듯싶어서요. 사실 저는 어릴 때부
터 미술을 정말 못했습니다. 그러다 보니 관심도 없어지고, 싫어하게 되더라
고요.

아니, 그럼 교대 다닐 때 미술 시간은 어떻게 버티셨어요?
미술과 교재 연구는 다 하는 수업이잖아요.

그러니 제가 얼마나 힘들었겠습니까. 우스갯소리로 교대에서 음악과 미술
을 못해서 졸업하기 힘들다는 말도 있는데, 고등학교 때보다 더 업그레이드
된 미술 실기를 하려니 그저 죽을 맛이었습니다.

4

그토록 미술을 싫어하고 관심도 없었는데,
어떻게 미술 수업을 연구하게 되셨어요?

2011년에 학습연구년제를 통해서 시간이 좀 생겼고, 마침 영화논술 교육을 연구하던 중이라 이탈리아, 프랑스, 영국 등으로 자료 수집을 하러 가게 되었습니다. 그러던 중 로마에서 길을 잃어 어느 공원에 들어갔다가 우연히 보르게제 미술관을 보고 한눈에 반해 버렸지요. 그곳은 예약을 해야 들어갈 수 있는 곳이었는데, 저는 예약도 안 했으면서도 꼭 들어가 보고 싶단 생각이 들더라고요. 마지막 시간대의 관람객까지 이미 다 입장한 뒤라 들어갈 수도 없는 상황이었는데 저는 용기 내서 부탁을 했습니다.

그래서 어떻게 되었어요? 들어갈 수 있었나요?

"40minutes!"라고 말해 주더라고요. 지금도 잊지 못하는 순간이죠. 40분 관람 허락을 받고 정말 빛의 속도로 뛰어다니면서 본 게 보르게제 미술관과의 첫 만남이었답니다.

그때 잔 베르니니(Gian Lorenzo Bernini)*의 작품인 〈플루토와 프로세르피나〉, 〈아폴론과 다프네〉를 보았어요. 말로 표현할 수 없을 정도로 아름다웠습니다. 저는 평소 미술관의 작품을 사진으로까지 찍어서 감상하려는 사람들을 이해하지 못했는데, 그 순간은 내가 정말 사진을 잘 찍는 사람이었으면 좋겠다는 생각이 들더군요. 그 이후 함께 여행했던 영화감독 지망생 후배에게 사진을 속성으로 배웠을 정도였죠.

〈플루토와 프로세르피나〉

〈아폴론과 다프네〉

* 이탈리아의 조각가이자 건축가. 정교한 대리석 조각으로 유명하다. 교황의 총애로 성당의 조각 제작에 많이 참여하였으며, 산피에트로 대성당 건축도 담당하였다. ─ 두산백과 참조

6

선생님 이야기를 듣다 보니 정말 운명적(?)인 만남이기는 합니다만, 어쩌다 갑자기 미술을 좋아하게 된 건 아닌 거 같고, 미술에 갑자기 끌리게 된 건 무엇 때문이었을까요?

그 이후 미술 작품 사진을 찍기 시작했는데, 파리 오르세 미술관에서 인상주의 작가들의 작품을 보게 되었어요. 신기하게도 평소 제가 사진을 찍으면서 아름답다고 생각한 장면이나 구도가 그림으로 표현되어 있더라고요. 그 순간 '정말 아름답다!'는 뭔가 감정의 강한 전율을 느꼈어요. 돌아와서 '내가 어떻게 이 나이에 예술 작품을 보고 아름답다고 느꼈을까?' '어떻게 사진이 내게 와닿았을까?' 하고 생각해 보니 싫다고 멀리했던 음악과 미술이 평소 좋아했던 영화를 통해 나도 모르게 전달되었던 것 같아요.

결국 영화는 미술을 만나기 위한 토지와 영양분 정도 되었군요?

딱 그 표현이 맞겠네요. 이후 제 삶은 많이 달라졌습니다. 미술 작품을 보며 아름다움을 느끼기 시작하니 세상이 다 아름다워지더군요. 인식의 폭이 확장되는 것도 느꼈고요. '내가 미술은 잘 못해도 미술의 아름다움을 즐길 수 있는 마음은 생겼구나.' 하는 자신감이 생기더군요. 그러자 우리 아이들이 떠올랐어요. 미술을 잘 못해서 미술 시간을 어려워하는 학생들에게도 안내해 주고 싶다는 생각이 들었어요.

그것이 '얼렁뚱땅 미술 교실'을 시작하게 된 계기군요?

네. 처음에는 아이들과 미술의 아름다움을 함께 즐겨 보자는 가벼운 마음으로 시작했습니다. 그래서 아이들에게 미술을 가르치는 게 아니라, 즐거운 미술을 소개하자는 뜻에서 '얼렁뚱땅 미술 교실'이란 이름을 붙였던 거고요. 다행히 아이들도 함께 즐거워해 주었고, 수업을 하면서 저도 점점 노하우가 쌓여 지금은 아이들이 미술 시간만 기다린답니다.

오, 그 노하우를 지금 이 책에서 풀어 주신다는 이야기네요.
예전의 차쌤처럼 미술 수업이 부담스러운 교사들이 많을 텐데,
큰 도움이 될 듯합니다. 특히 어떤 교사들이 보면 좋을까요?

미술 기법을 아이들에게 가르치기 어렵다고 생각하는 교사는 미술 수업을 어려워합니다. 그래서 수업을 하더라도 교과서에 나오는 최소한만 하려고 하죠. 이 책에서는 미술 기법에 대한 자세한 설명이나 예시를 제공하지는 않습니다. 그보다는 교사와 학생이 미술 수업을 좀 더 편안하게 생각하고 접근할수 있도록 '아름다움'에 대해 먼저 이야기합니다. 미술 교과의 목표 역시 삶속에서 미술 문화를 향유할 수 있는 능력을 기르는 데 있거든요. 미술 기법에 앞서 생활에서 경험하는 미적 체험을 예술 활동으로 변화시키는 과정을 교사들도 느껴 보기를 권합니다.

그럼 이 책 『얼렁뚱땅 미술 교실』은 어떻게 구성되어 있습니까?

자연이 주는 아름다움을 일상에서 느끼고, 그것을 표현하는 다양한 활동들을 소개하고 있습니다. 아름다움을 보기 위해서는 꼭 멀리 갈 필요는 없어요. 계절의 변화는 학교 주변에서도 충분히 느낄 수 있고, 학교 안팎을 잘 살펴보면 평소에는 미처 보지 못했던 아름다움을 관찰하고 표현할 수 있으니까요. 이 과정이 바로 '얼렁뚱땅 미술 교실'입니다.

『얼렁뚱땅 미술 교실』은 총 3장으로 구성되어 있습니다.

1장에서는 교사와 학생들이 함께 즐기는 미술이란 주제로, 미술에 대해 갖고 있는 여러 고정관념을 깨고 미술 활동을 즐길 수 있는 마음가짐을 갖는데 주안점을 두었습니다. 미술에 대한 관점을 흔들어 보는 거죠.

2장에서는 회화와 관련된 활동을 합니다. 인상주의 화가들의 마음을 흔들었던 빛의 조화를 중심으로 여러 가지 활동을 하고 그림으로 표현해 보는 것이죠. 자신의 느낌을 자유롭게 표현하는 활동을 하다 보면 생각이 훌쩍 커버리는 아이들을 만나게 됩니다. 물론 그림 실력은 덤으로 따라옵니다.

3장에서는 디자인과 관련된 활동을 합니다. 현실에 기반한 회화 활동을 바탕으로 초현실의 디자인 영역까지 확대해 나가는 것이죠. 결코 어렵고 복잡하지 않습니다. 우리 아이들은 현실과 초현실을 넘나드는 것이 일상이니까요. 교사는 그 길을 안내해 주고, 아이들은 다양한 미술 활동을 통해 미술 수업이 놀이만큼 즐겁다는 걸 깨달을 수 있습니다.

아무쪼록 『얼렁뚱땅 미술 교실』을 통해 교사와 학생들 모두 생활에 가까운 미술, 삶을 풍요롭게 하는 미술, 무엇보다 마음이 풍요로워지는 미술을 만나게 되길 바랍니다.

9

contents

제2장 얼렁뚱땅 미술 프로젝트 : 회화

제3장 얼렁뚱땅 미술 프로젝트 : 디자인

제1장

교사와 아이가

함께 즐기는

얼렁뚱땅 미술 교실

학교에서의 미술 수업은 학생들의 자아를 수렴하고 표현하는 것을 근간으로 한다. 개인의 느낌과 생각을 다른 사람들과 함께 나누고, 이 과정에서 개인의 성장을 이루는 것이 그 목적과 의의라고 생각한다.

하지만 안타깝게도 미술은 결과 중심 과목이라는 생각을 갖고 있는 사람들이 대부분이다. 그래서 어느 시기부터 미술은 잘하는 아이와 못하는 아이의 편차가 큰 과목이 되고, '수포자'처럼 미술을 일찍 포기해 버리는 경우도 있다. 세상의 아름다움을 발견하고, 그것을 표현해 내는 과정에서 자기표현력과 미적 감수성을 높일 수 있는 방법을 배우고 익히는 미술을 '포기한다'는 것은 학생 개인이나 사회적으로 보았을 때 매우 불행한 일이다.

이 장에서는 우리가 미술 시간에 대해 갖고 있는 여러 편견에 대해 이야기해 볼 것이다. 그리고 미술 활동을 통해 드러나는 아이들의 심리에 대해서도 이야기하여, 표현의 즐거움을 알고 자신감도 키울 수 있는 미술 시간은 어떻게 만들어 갈지 이야기할 것이다.

Step ❶ 미술에 대한 편견부터 깨자

즐겁지 않은 미술 시간

"아! 짜증나!"

4학년 학생이 그림을 그리다 말고 연필을 책상 위에 내팽개친다. 그리고 잠시 후 고개를 숙인 얼굴에서는 눈물이 뚝뚝 떨어졌다.

"무슨 일이니? 선생님이 도와줄까?"

"아니요, 잘 그려지지 않아서 짜증이 나서요⋯⋯."

미술 활동을 하다 보면 가끔 만나는 장면이다. 초등학교 저학년 은 미술 시간을 좋아하고 즐거워하며 본인이 미술을 잘한다고 생각 하는 학생들이 많다. 그런데 고학년 학생들에게 미술 시간에 대해 물어보면 자신 있게 잘한다거나 좋아한다고 대답하는 학생들이 많 지 않다. 미술은 학년이 올라갈수록 아이들의 만족도가 낮은 대표적인 교과가 되어 버렸다.

나 역시 다르지 않았다. 어린 시절에는 스케치북에 그림 그리기를 좋아했는데 학교에 가면서부터 그림 그리기가 싫어졌다. 혼자 그릴 때는 즐겁고 재미있기만 했는데 풍경이나 정물 혹은 주제가 있는 그림을 그려야 하는 순간부터 그림 그리기는 제일 하기 싫은 일이 되어 버렸다. 솔직히 무엇을 어떻게 해야 하는지 모르니 더 답답했다. 그나마 입시 위주의 교육이 시작되면서 잠시 미술 시간의 고통에서 벗어날 수 있었지만 교육대학교에 진학하고 나서부터 시련은 다시 시작되었다.

교사는 초등 전 과정의 이론과 실기를 할 수 있어야 했기에 교대에서는 조각, 소묘, 디자인 실습을 했다. 과제로 해 와야 하는 것이 있으면 친구나 선후배의 도움을 받을 수도 있었지만, 실습 시간 안에 과제를 제출해야 하는 소묘 시간은 피해 갈 수 없었다.

"자네는 왜 마징가 제트를 그리고 있나?"

아그리파를 보며 열심히 그리고 있던 내게 자상하게 지적하던 교수님의 표정을 지금도 잊을 수가 없다.

　　　　　　　얼렁뚱땅 미술 교실

제대로 된 미술 수업에 대한 고민

천신만고 끝에 초등 교사가 되었지만 원래 미술을 못하고 싫어하던 학생이 교사가 되었다고 단박에 미술 전문가가 될 수 없다는 것은 당연하지 않겠는가.

"선생님, 이건 어떻게 하는 거예요?"

아이들에게 내 미술 실력을 들키지 않고 좀 더 괜찮은 소재로 수업을 해 보려고 준비하지만 여지없는 질문 세례를 받았다. 그럴 때마다 나는 내 자질이 부족하다는 걸 뼈저리게 느꼈다. 더 이상 이렇게 수업을 진행할 수는 없었다.

먼저 2015 미술 교육과정의 중요 내용을 살펴보면 다음과 같다.

 미술 교육과정의 목표와 중점

목표 : 다양한 미술 활동을 통하여 대상을 감각적으로 인식하고 느낌과 생각을 창의적으로 표현하며, 삶 속에서 미술 작품의 가치를 판단하는 미술 문화를 향유할 수 있는 능력을 기른다.

가. 주변 세계를 미적으로 인식하고 시각적으로 소통하는 능력을 기른다.
나. 자기주도적인 미술 활동을 통해 창의 융합적으로 사고하고 표현할 수 있는 능력을 기른다.
다. 미술 작품이 지닌 특징을 이해하고 비평할 수 있는 능력을 기른다.
라. 미술을 생활화하며 문화의 다원적 가치를 존중하는 태도를 기른다.

그 어디에도 '잘 그린다'라는 표현은 없다. 오히려 창의적으로 표현하고 문화를 향유할 능력, 그리고 감상할 수 있는 문화적 수준을 요구하고 있음을 알 수 있다. 특히 초등학교 미술에서는 미술의 기초 능력을 함양하는 데 중점을 둔다.

- 자신과 주변 대상에서 미적 특징을 발견하고 소통하며, 미술을 생활과 관련 지을 수 있는 능력을 기른다.
- 주제를 다양한 방식으로 탐색하고 자유롭게 작품을 제작하는 능력을 기른다.
- 미술 작품의 특징과 배경을 탐색하고 자유롭게 작품을 제작하는 능력을 기른다.
- 미술 활동에 흥미와 관심을 가지고 자발적으로 참여하는 태도를 기른다.

미술 교과는 학습 전략에서는 수학과 유사하고, 교과 만족도에서는 국어와 유사하다고 볼 수 있다. 어떻게 예술 교과인 미술이 수학, 국어와 비슷하다고 말할 수 있을까?

교과의 성취도를 높이기 위한 기법 면에서는 수학과 비슷하다. 미술 기법을 효과적으로 배우기 위해서는 몇 가지 단계를 거치게 된다. 스케치를 배우고, 구도를 배우고, 붓 터치 등을 배우는데, 이것을 끊임없이 연습하여 자신의 것으로 내면화시키는 과정은 수학의 나선형 교육과정과 크게 다르지 않다. 어쩌면 수학을 익히는 과정보다 더 오랜 연습이 필요하다.

　한편 미술은 국어 교과와 비슷하다. 시, 소설, 수필 등 문학 작품을 읽는 것은 좋아하는데 국어 공부는 어려워하고 거북스러워하는 학생들이 있다. 문학으로 감상하고 그에 따른 감동도 크지만 국어 교과의 평가나 학습 방법, 학습 목적 등은 감동과 거리가 있기 때문에 오는 현상이다. 국어 교과의 이러한 비판은 오래전부터 계속되어 왔는데, 문학 작품을 있는 그대로 느끼고 감상하는 것보다는 평가, 시험을 위한 학습이 강조되기 때문이다. 미술 교과 역시 기법의 유능성만 강조하고 결과물을 획일화된 방법으로 평가한다면 점점 거북스러워질 수밖에 없다.

　그림이나 미술 활동에서 우선적으로 고려되어야 하는 것은 학생이 '자유의지'를 느끼는 것이다. 자유의지를 바탕으로 드러나는 다양한 표현은 무엇보다 학생의 심리를 잘 보여 준다. 따라서 미술 시간에 학생들이 얼마나 적극적인 표현 활동을 보여 주느냐에 따라 미술 교과에 대한 효능감은 학생들의 성장에 매우 긍정적인 영향을 미칠 수 있다. 미술 교과를 바탕으로 형성된 자신감과 학교 생활에 대한 즐거움은 주체적인 삶의 태도와도 이어질 수 있기에, 미술 시간에 '잘 그린다'는 것에 대한 기준을 다시 세우는 것이 무엇보다 중요하다 할 것이다.

교사가 미술을 잘해야 잘 가르치는 것은 아니다

미술 시간에 교사가 가장 많이 범하는 실수는 학생들에게 '완벽한 작품'을 요구하는 것이다. 물론 이것은 교사가 의도적으로 요구하지 않는다. 그저 작품에 대한 성의를 보이라고 말하기도 한다. 하지만 앞서 이야기한 미술 교육과정 어디를 살펴보아도 학생들에게 '잘 그리는 것'을 요구하지 않았다. 저학년 때는 아이들이 어떤 그림을 그려도 칭찬을 받기에 자신이 그림을 못 그린다는 생각을 하지 않는다. 당연히 미술 시간이 좋을 수밖에 없다. 그런데 고학년이 되면서 점점 미술 시간을 싫어하는 아이들이 느는데, 고학년부터 교사들은 눈높이를 바꾸어 학생들에게 '기준에 맞는 작품'을 요구하기 때문이다. '잘 그리기'를 강요당할 때 아이들은 미술 시간이 두렵고 흥미를 잃는다.

학생들에게 완벽한 작품을 강요하는 것은 교사에게도 긍정적이지 않다. 완벽한 작품을 요구하는 만큼 교사 역시 '완벽하게' 가르쳐야 한다고 생각하기 때문이다. 하지만 미술 교과를 완벽하게 가르칠 수 있는 교사는 많지 않기에, 학생들과 교사 모두 미술 수업에 대한 스트레스를 안고 있는 것이 현실이다.

학생들도 겪어 온 세월이 있고 보는 눈이 있다. 직감적으로 교사가 미술에 대해서 자신이 있는지, 없는지를 알 수 있다. 하지만 교사가 미술을 잘 못한다고 해서 미술을 잘 못 가르치는 것은 아니다. 오히려 교사 역시 미술에 대해서 잘 모르기 때문에 학생들이 미술 시간에 어떤 어려움을 겪고 있는지, 어떤 때 흥미를 잃는지 그 누구보다 잘 알 수 있다. 따라서 교사가 가진 인정 욕구, '나는 무엇이든 잘 가르쳐야 한다!'는 생각에서 벗어나 학생들이 미술 시간을 재미있게 즐기며, 표현의 자유로움을 느낄 수 있도록 하는 것이 더 중요하다.

"여러분, 선생님도 그림을 잘 못 그려요!"

교사의 솔직한 마음을 전달하는 것은 오히려 학생들에게 큰 위안을 주고, 더불어 교사와의 라포 형성에도 도움이 된다. 진솔한 마음으로 솔직하게 말할 수 있는 용기는 교사와 학생의 관계를 더욱 공고하게 해 준다.

학생과 교사의
라포 형성

라포(Rapport)는 두 사람 사이의 공감적인 인간관계, 또는 친밀도를 뜻한다. 18세기 후반에 오스트리아 의사 메즈머(Mesmer)가 처음 사용한 개념으로 알려졌다. 그 유래는 프랑스어인 rapporter에서 유래한 것으로 '다리를 놓다'라는 뜻을 가진다. 즉 서로의 관계속에서 주고받는 것을 의미한다. 이후 교육학, 심리학, 상담학과 같이 대인관계의 질이 중요한 곳에서 다양하게 활용되었다.

라포 형성은 교사와 학생 모두에게 긍정적인 영향을 준다. 교사에게는 자신의 교육 활동에 대한 확신과 자신감을 주고, 학생에게는 교육 활동을 수행하는 과정과 결과에서 만족도를 높인다. 또한 라포가 형성되었을 때 교사에 대한 높은 신뢰감을 느끼고 향후 교육 활동에 대한 믿음을 준다.

라포를 형성하기 위해서는 협력적인 자세를 지녀야 한다. 학생과 교사가 서로 협력적인 태도로 대화할 때 라포 형성에 보다 긍정적인 영향을 주며, 학생을 통제하는 듯한 태도와 자세는 라포 형성에 부적적인 영향을 미친다. 즉 미술 활동의 과정을 함께 즐기고, 교사가 학생의 작품이 보여 주는 학생의 내면에 귀 기울인다면 협력적이고 친밀한 라포를 형성할 수 있다. 많은 연구에서는 라포 형성을 위해서 다음과 같은 방법을 제안하고 있다.

1. 집중하며 적극적으로 듣기 : 학생의 감정과 의도를 읽고 마지막 말을 반복해 주며 적절한 피드백을 하기.
2. 비언어적 의사소통하기 : 고개 끄덕이기, 미소 짓기, 눈 마주치기, 감정을 궁금해 하기, 팔짱 끼지 않기.
3. 반영하기 : 학생의 거울이 되어 행동을 함께 따라 하기.
4. 보조 맞추기 : 대화 도중 '응' '아!' '음' 등으로 추임새 넣기.
5. 감정과 욕구 알아차리기 : 학생이 느끼고 있는 감정과 욕구를 파악하고 이를 함께 알아차리기.

위의 방법들은 기술로 활용될 수 있는 방법이고, 가장 중요한 것은 교사의 태도이다. 학생을 존중하는 마음을 바탕으로 이를 함께 나누고자 하는 태도가 가장 핵심이다. 이런 태도를 지닌다면 라포 형성 기법을 모르더라도 라포 형성은 어렵지 않을 것이다.

'얼렁뚱땅 미술 교실'과 같이 비언어적인 교육 활동을 통하여 라포를 형성함으로써 교사와 학생 간의 신뢰감과 친밀감을 쌓는다면, 학생에게는 학교생활에 대한 만족감과 더불어 교사에 대한 믿음을 주어 학급 운영에도 큰 도움이 될 것이다.

그리기 전에
일단 놀게 하라

🙂 나무젓가락 하나로 즐거웠던 1학년 미술 시간 ※

나는 매번 6학년 담임을 해 왔다. 그런데 아들이 초등학교 입학할 때 같이 1학년 생활을 해 보면 좋겠다는 생각을 하고 2007년 드디어 1학년 담임을 맡았다.

의욕은 충만했으나 이내 난관에 봉착했다. 대부분의 1학년 교육과정은 만들고, 오리고, 붙이고, 그리는 것의 연속이었다. 마침 옆 반에 1학년만 20년 넘게 맡아 오신 베테랑 선생님이 계셔, 나는 그분의 미술 수업을 참고하며 수업을 진행했다. 하지만 맞지 않은 옷을 입은 듯한 어색함 때문에 미술 시간이 되면 늘 안절부절못했다.

※ 당시 1학년 교육과정은 『즐거운 생활』이란 통합교과로 미술 교과가 존재했다. 글의 편의상 미술 시간이라 칭한다.

화창한 어느 봄날, 교실에서 재잘거리던 아이들과 그림을 그리는 수업을 하던 나는 창밖으로 구름이 흘러가는 풍경을 보고 문득 아이디어가 떠올랐다.

"얘들아, 우리 밖으로 나가 보자. 미술 수업 밖에서 할 거야!"

아이들은 영문도 모르고 선생님이 운동장으로 나가자고 하니 그저 신이 났다. 교실에 있던 나무젓가락을 아이들에게 하나씩 나눠 주었다. 그러자 운동장은 1학년 아이들이 조물거리며 그림을 그릴 수 있는 커다란 도화지가 되었다.

"저기 하늘 위 구름을 봐! 참 멋지지 않니?"

아이들은 참새처럼 목을 한껏 늘이고 하늘을 올려다보았다.

"나무젓가락으로 저 구름을 운동장에다 그려 보는 거야."

도화지보다 훨씬 큰 운동장에 자기 몸보다 더 큰 구름을 그리는 아이부터 여기저기 자기만의 구름을 만드는 아이까지 운동장은 아이들의 놀이터가 되었고, 도화지가 되었다.

🧑 일단 놀게 하라

그림은 무조건 도화지 위에 그려야 한다는 편견에서 벗어나자. 운동장 여기저기에 아이들이 나무젓가락으로 그려 놓은 갖가지 구름도 그 시간 우리들에게는 멋진 작품이 되었다.

학교생활이 아직 낯설고 담임선생님도 어색한 상황에서는 평소 그림 그리기를 좋아하는 아이도 자유롭게 자신의 느낌이나 생각을 표현하기가 쉽지 않다. 이런 상황에서 아이들의 적극적인 표현을 이끌어 내기 위해서는 하고자 하는 욕망과 해 보려는 도전 정신을 자극해야 하는데, 이때 놀이만 한 것이 없다.

장난감 같은 나무젓가락을 손에 들고 운동장을 여기저기 뛰어다니는 미술 시간은 일단 신이 난다. 그리고 새하얀 도화지가 아닌 운동장 흙 위에 그리는 그림은 부담이 없다. 놀이처럼 느껴지고, 조금 마음에 들지 않으면 발로 쓱쓱 지우고 다시 그릴 수도 있다.

'그림 그리는 거 별것 아니네? 다르게 한 번 더 그려 볼까?'

마음의 여유가 생겨 이것저것 그리다 보면 어느 순간 자신이 표현하고자 하는 지점이 무엇인지 깨닫게 된다. 잘 그려야 한다는 부담감과 실패에 대한 두려움에서 벗어나면 아이들은 자신의 생각을 자유롭게 펼쳐 낼 수 있다는 것을 나는 얼렁뚱땅 미술 교실을 진행하면서 수없이 경험했다.

정형화된 형식이 아니라 학생들의 작은 행위까지도 미술 활동에 포함시키면 의미 있는 미술 시간이 될 수 있다. 의도된 그림 그리기가 어렵다고 생각하는 아이들은 그림 그리는 행위보다 자신이 그린 그림이 평가를 받는 것에 두려움을 갖고 있기 때문이다. 미술 활동을 놀이로 접근해 나가면 평가가 주는 두려움에서 벗어날 수 있다.

이처럼 수업과 놀이를 병행시킬 때 주의할 점이 있다. 그냥 노는 것이 아니라 의도성을 가진 놀이를 해야 한다. 그렇다고 규칙성을 지닌 게임을 말하는 것이 아니라, 수업 목표를 이끌어 낼 수 있는 자유로운 활동을 말하는 것이다.

처음에는 구름이라는 소재를 정해 주었지만, 이후에는 점차 그림 그리기 좋은 소재를 찾는 과정부터 놀이를 통해 유추해 나가면 더 좋은 수업이 될 수 있다.

아름다움은 멀리 있지 않다

신학기 초에는 학생도 교사도 서로 낯설고 어색하다. 이때는 야외
에서 놀이를 통해 친해지는 것이 최고다. 마침 근무하는 학교(전안
초, 광려초) 주변에는 광려천이란 좋은 환경이 있어서 나는 학기 초
야외 수업의 주요 장소로 활용하곤 했다.

흔히 야외 수업은 수업이지만 교과서가 없다는 점 때문에 간혹
학생들은 노는 것으로 생각한다. 그렇기 때문에 수업 목표를 항상
주지시켜야 한다. 첫 번째 야외 수업에서는 주제를 던져 주고 그림
그리기를 시작했지만, 두 번째 수업에서는 학생들 스스로 좋은 소
재를 찾도록 이끌었다. 바로 아름다움을 찾는 활동이다.

"주변을 돌아보렴. 그리고 지금 여기서 가장 아름다운 것이 무엇

인지 찾아보는 거야."

늘 무심히 지나쳐 오던 등굣길도 유심히 바라보면 평소에 보이지 않던 것이 보인다. 눈으로 찾은 것은 마음속에 담고 기억하게 한다. 하지만 평소에 해 보지 않은 활동이라 익숙하지 않은 아이들에게 가지고 있는 휴대전화로 사진을 찍게 한다.

혹 삭막한 도시라 자연 풍경을 찾기 어려워도 포기하지 말자. 골목길 작은 화분이나 아파트에 조성된 화단에도 아름다움은 충분히 넘쳐난다. 길가에 핀 이름 없는 작은 풀과 꽃에서도, 파란 하늘과 좁은 오솔길에서도 아름다움은 얼마든지 존재한다.

"선생님, 여기 신기한 것이 있어요!"

여기저기서 아이들이 소리친다. 선생님과 친구들과 함께 밖으로 나와 신이 난 아이들은 신기한 것에 먼저 눈이 간다. 하지만 이내 누가 가르쳐 주지 않아도 아름다운 것을 찾아내기 시작한다.

좋은 그림은 아이들의 솔직하고 주관적인 표현이 담긴 것이라고 생각한다. 하지만 이것이 참 쉽지 않다. 아이들은 무엇을, 어떻게 표현해야 하는지 확신을 갖고 있지 못하기 때문이다. 저학년 때는 표현하는 그 자체가 즐거움이었지만, 고학년 학생들은 표현에 대한 완전한 자유를 주어도 평가 결과와 타인의 시선을 먼저 의식하는 경향이 있다.

그렇다면 주관적인 표현을 담되 그것이 다른 사람들에게도 인정받을 수 있는 것은 무엇일까? 바로 아름다움을 표현하는 것이다. 그러기 위해서는 학생들이 아름다움이 무엇인지, 어떻게 표현할 수 있는지 경험케 해야 한다. 또 아름다움이란 멀리 있는 것이 아니라 우리 주변에서, 생활 속에서 발견할 수 있음을 깨닫게 하면 된다.

미술사에서 가장 인기 있는 사조로 꼽히는 인상주의(印象主義)는 빛과 색에 대한 화가의 순간적이고 주관적인 느낌을 표현했는데, 그들은 자신의 시대와 주변에서 소재를 찾고, 그 대상에 대한 시각적 효과를 지극히 개성적으로 그러나 솔직하게 표현했다. 자연 속에서 아름다움을 찾고, 사소하고 작은 것이라도 의미를 부여해서 표현해 보는 것이 얼렁뚱땅 미술 교실의 시작이다.

얼렁뚱땅 미술 교실

아름다움을 발견하는 행위, 관찰

관찰은 자신의 생각, 감정 등은 잠시 멈추고, 오로지 외부의 자극에 집중하고 몰입해 새로운 면을 인식하고 발견하는 것이다. 때로는 자신의 환경을 차분하게 돌아볼 수 있는 기회를 제공하기도 한다. 관찰을 통해서 자연을 살펴보는 것뿐만 아니라 자신의 의식 흐름에도 집중할 수 있다.

실제로 게슈탈트 상담이나 마음챙김(mindfuless) 명상에 들어가기 위한 방법으로 자신의 마음에 주의를 기울이며 자신에게 일어나는 여러 가지 생각, 신체 변화 등을 관찰할 것을 제안하고 있다. 이런 의식의 흐름을 관찰하면 개인의 내면에 편안함과 평화, 그리고 경이로움을 제공한다. 또 자신의 마음을 관찰하다 보면 시야가 확장되고 깊이 있게 바라볼 통찰력이 생긴다. 인지심리학에서는 메타인지의 정확성을 높이

는 방법으로 마음챙김 명상을 제안하기도 한다.

　얼렁뚱땅 미술 교실에서의 관찰은 오감을 모두 활용한 관찰이다. 예를 들어 꽃을 보면서 꽃의 색이나 질감을 관찰하는 것은 시각만 활용한 것이지만, 그날의 바람 소리와 바람 속에 흔들릴 때 꽃잎이 피부에 와닿는 느낌, 엷게 느껴지는 꽃이나 땅의 향기 등을 느끼는 것은 오감을 다 활용한 관찰이다. 참 신기한 것은 같은 장소에 피어 있는 같은 꽃이라도 매일매일 그 느낌이 다르다.

　이러한 오감을 활용한 관찰을 통해 자연과 내가 연결되어 있다는 것을 느끼는 경험은 아이들의 긍정적인 정서를 키우는 데도 큰 도움이 된다. 이러한 연결성은 개인, 환경에 대한 심미적 감수성을 키울 뿐만 아니라 얼렁뚱땅 미술 교실에서 이루어질 여러 미술 활동을 하는 데 있어 긍정적인 마음과 끝없는 도전 정신을 제공하기도 한다.

Step 4 똑같이 그려야
잘 그린 그림일까?

아이들은 태어나면서부터 예술가이다

우리 아이들은 태어나면서부터 화가이다. 몸을 움직이고 스스로 무언가를 표현할 때쯤 되면 무엇이든 쥐고 그림부터 그린다. 또 손에 잡히는 대로 뿌려 보고, 묻혀 본다. 찍고, 누르고, 밟으며 표현 그 자체에 충실하다. 그랬던 아이들에게 그림 그리기가 싫어지는 순간이 온다. 바로 학교에 들어가서 미술 시간을 만나면서부터이다. 그래도 저학년 때는 표현 활동이 어렵지 않아 즐겁지만 3, 4학년을 거치면서 미술 시간을 싫어하는 아이들이 생긴다. 누군가와 비교하는 마음이 생기기 때문이다.

'내 것보다 다른 친구 그림이 더 좋네.'

'내 그림은 형편없군.'

'다른 아이들이 내 그림을 보고 놀릴 거야.'

'교실에 전시하고 싶지 않아.'

어릴 때부터 부모님과 유치원 선생님의 전폭적인(?) 칭찬을 받으며 자신의 그림이 세상 최고인 줄 알았던 아이들은 학년이 올라가고 타인과 나를 비교할 수 있는 시야가 생기면서 다른 친구들의 그림이 보이기 시작한다. 문제는 그 비교를 통해서 자신을 평가하기 시작했을 때 생겨난다. 지금까지 미술 활동은 자신의 마음과 욕구를 그대로 표현하던 재미난 활동이었는데, 이제는 친구들의 활동 결과와 비교되면서 점점 부담스러운 활동이 되고, 마음은 위축되기 시작하는 것이다.

또 교실 문화도 연관되어 있다. 오늘날 우리 교실에서 이루어지고 있는 모든 활동에는 '꼼꼼함'이 강조된다. 실험관찰을 기록할 때도, 수학 문제를 풀 때도, 사회 프로젝트 학습을 할 때도, 청소당번 활동을 할 때도 꼼꼼히 해야 인정을 받는다.

미술 역시 마찬가지다. 흰색 도화지에 빈틈이 있으면 안 되고, 완성도를 높이려면 '끝까지 다 그리기'를 해야 한다. 게다가 국어와 수학 등의 과목은 못한다고 해도 자기 실력을 나타내는 결과물이 게시되지는 않는데, 미술 수업의 결과물은 두고두고 보게 된다. 내가 잘 그렸다고 생각하든, 못 그렸다고 생각하든 아이의 의지와 상관없이 모든 작품은 교실 뒷면에 게시된다. 성실하고 친절한 교사일수록 아이들의 그림 자체를 인정해 주고 한 명의 아이도 빠짐없이 그림을 붙여 주려 하는 것인데, 선한 의도와는 달리 어떤 아이는 자신이 그린 그림을 친구들 것과 비교하면서 자신감을 잃고 자존감에 상처를 입을 수도 있는 것이 현실이다.

대놓고 미술 시간을 싫어하는 아이는 드물다. 좋아하는데 자신감이 없을 뿐이다. 따라서 다른 사람과 비교가 되는 미술 활동이 아니라, 자신의 생각과 느낌을 자유롭게 드러낼 수 있는 미술 활동이라면 미술 시간은 그 어느 수업보다 재미있는 시간이 될 수 있다.

잘 그린 그림은 무엇일까?

그렇다면 어떤 그림이 잘 그린 그림일까? 교사와 학생들에게 '잘 그린 그림'이 무엇인지 물어보면 '주제에 맞게 그린 그림', '자세하게 표현한 그림', '특징을 잘 표현한 그림', '사실적으로 그린 그림' 등을 이야기한다.

다음 사진과 그림은 멋진 풍경을 나타낸 것이다. 왼쪽은 사진이고, 오른쪽은 그것을 그린 그림이라 해 보자.*

---

* 사진을 포토샵을 이용해서 수채화의 효과가 나도록 필터를 적용했다.

　먼저 아름다운 풍경을 발견해 사진을 찍고 그것을 다시 그림으로 남겼을 것이다. 그럼 풍경을 찍은 사진과 그것을 표현한 그림은 같은 것일까? 주제에 맞고, 특징이 잘 나타난 사진과 그것을 그대로 표현한 그림은 무슨 차이가 있을까? 차라리 그림을 그리지 말고 그냥 사진을 찍는 것이 훨씬 잘 표현할 수 있지 않을까?

　인상주의 이전까지는 아름다움에 대해 화가나 관객이나 비슷한 경향성을 보였다. 그러다 사진이 등장하면서 회화는 새로운 대응을 보인다. 사진이 예술의 영역으로 인정받자 회화는 표현의 다양성과 자유로움을 중심으로 발전하였다. 그리고 현대미술로 발전되어 오면서 표현된 의미보다 표현 그 자체가 중요시되었다.

　모네와 고흐, 르누아르 등 우리가 아는 많은 인상주의 화가들은 자연의 아름다움을 자신만의 방식으로 표현하려 했다. 사진이 등장하면서 회화는 꽤 큰 시련을 겪지만 오히려 화가들에게 풍경이나 사물을 똑같이 그리지 않으면서도 자신만의 독특한 감정을 표출하는 기회가 되기도 했다.

이처럼 표현하는 것 자체가 예술적 행위이고 활동이자 결과라면, 아이들이 무엇을 어떻게 표현하든 그 자체를 인정해 줄 수 있는 근거가 된다. 따라서 지금까지 우리가 갖고 있던 '잘 그린 그림'에 대한 생각을 바꾸어야 한다.

그림을 보는 시선은 점점 자유롭게 변하고 있는 데 비해 학교에서의 미술 수업은 어딘가 모르게 틀에 짜여진 느낌이다. 표현하는 것 자체가 예술 활동임에도 기법을 모르면 그림을 못 그린다고 생각하곤 한다. 기법에 몰입한 나머지 어느 순간에 똑같이 그린 그림을 잘 그린 그림으로 생각하고, 비교하며 평가한다.

학교에서의 미술 시간은 그림 그리는 기법을 배우는 것이 아니라 다양한 미술 활동을 통해 학생들이 자신을 좀 더 자유롭게 표현하는 기회를 가지는 것이 더 중요하다. 기법이 필요 없다는 것은 아니지만, 기법보다는 그리고자 하는 욕망을 자극하면 기법을 더 능동적으로 익힐 수 있다.

도화지를 무서워하는 아이들

본격적으로 그림을 그리기 시작하면 아이들의 모습은 다양하다. 얼렁뚱땅 미술 교실을 시작하면서 그림을 그리기 전에 부담 없이 자신의 생각을 자유롭게 표현하는 경험을 했고, 우리 주변의 아름다움을 발견해 보는 시간을 가졌다. 이제는 스스로 그림의 소재를 골라 보게 해 보자.

가장 인상적인 장면을 그리거나, 가장 즐거웠던 장면 혹은 가장 아름다운 장면을 생각한다. 사실 우리 기억 속의 모든 장면은 아름답다. 그러나 그려 내는 건 별개의 활동이다.

"휴대전화로 찍어 놓은 사진 보면 안 되나요?"

"선생님이 찍은 사진 보여 주시면 안 돼요?"

"교과서에 나온 그림 보면 안 되나요?"

빈 도화지를 앞에 두고 깊은 고민에 빠진 아이들이 수두룩하다. 이유는 간단하다. 아이들은 잘 그린 그림에 대한 기준이 있다. 대상이 명확하게 보이는 그림, 색깔이 선명하게 표현된 그림, 동작이 자세히 나타난 그림을 그리고 싶어 한다. 머릿속에는 자신이 봤던 인상적이고 즐거우며 아름다운 모습이 있다. 그러나 그것을 도화지 위에 어떻게 표현해야 할지 모르는 것이다.

'그려 봤자 잘 그린 그림이 안 될 거야.'

주저하는 아이들의 얼굴을 보면 말은 하지 않지만 표정과 몸짓은 이렇게 말하고 있다. 어떻게 아느냐고? 뚫어지게 도화지만 쳐다보는 아이, 스케치만 한 시간 넘게 하는 아이, 팔레트에 물감만 개는 아이, 그도 저도 아니면 옆 친구가 뭘 하는지 구경하고 잡담하다 정작 자기가 그릴 것을 놓쳐 버리는 아이를 보면 안다.

"좋은 그림이란 자기가 만족하는 그림이란다."

선생님의 '기술적인 도움'을 기대하는 아이들에게 이렇게 말하면 당장 머리로는 이해하는 듯하지만 여전히 모르겠다는 표정이다. 아무리 봐도 기법이 좋은 아이의 그림이 잘 그린 것처럼 느껴지기 때문이다.

"힘든 친구들은 다른 친구들이 어떻게 그리는지 살펴보자. 그렇다고 대상을 흉내 내라는 이야기는 아니야. 내가 생각하지 못한 기법이 있으면 그건 흉내 내도 괜찮아."

기법은 흉내 내도 된다. 그러나 대상은 흉내 낼 수 없다. 똑같은 꽃을 보아도 어디서 보았는지, 당시 햇빛은 얼마나 좋았는지, 시선은 어떠하였는지, 하나만 보았는지 여러 개를 보았는지 등의 상황에 따라 그림은 달라지기 때문이다.

크게 그릴 수 있도록 설득하기

그림 그리기가 어려운 아이들은 실패에 대한 두려움도 크다. 그래서 대상을 작게 그린다. 꽃도 작게 그리고, 인물도 작게 그린다. 하지만 도화지 크기가 변하지는 않기에 대상을 다 그렸는데도 도화지에는 남은 부분이 많다.

그릴 대상을 정한 후 스케치하고 난 후도 문제이다. 대상을 작게 그리니 그 안에 더 자세한 표현을 첨가하기 어렵고, 작게 스케치를 해 놓으니 색을 칠하면 오히려 더 어색하다. 공간이 좁으니 대충 칠하기도 한다. 소근육 발달이 덜된 아이들은 붓 터치가 섬세하지 못해서 작은 스케치 안에 색을 칠하다 보면 삐져나오기도 하는데, 그러면 아이들은 그림을 망쳤다고 생각해 도화지를 버린다.

크게 그리는 것을 어려워하는 아이들을 압박하면 질책으로 받아들여 더 어려워할 수도 있기에 이때는 대안이 필요하다.

"손가락으로 사각형을 만들어 보자."

손가락을 모아 사각형을 만들어 눈앞에서 왔다 갔다 해 보면서 시선의 차이에 따른 도화지의 크기를 가늠할 수 있게 하면 스케치 하는 데 도움이 된다.

"손가락을 눈에 가까이 대면 많은 것을 볼 수 있어. 하지만 그걸 다 그릴 수는 없지. 거기다 내가 그리려는 아름다운 대상은 더 작게 보이니까. 이번에는 손가락을 눈에서 멀리 떨어뜨려 보자. 물론 그리고 싶은 대상을 가운데 놓고 말이야. 어때? 그것이 꽃이라면 더 크게 보일 거야. 하지만 실제 꽃의 크기는 언제나 그대로지. 이처럼 그리는 사람이 어떻게 보느냐에 따라 크게 볼 수도 있고, 작게 볼 수도 있는 거란다. 자, 이제 선택하면 돼."

대상을 크게 그리는 것은 아이들에게는 커다란 도전이다.

'잘 그리지 못하는데 이상하게 보이지 않을까?'

두려움을 가졌던 아이들 중 먼저 용기를 낸 아이부터 크게 그리기 시작한다. 아이들은 그려 보면 알게 된다. 작게 그리는 것보다 크게 그리는 것이 더 쉽다는 사실을 말이다.

그래도 실수하고 실패하면 어떻게 하느냐고? 도화지를 충분히 준비해 놓으면 된다.

"그림을 그리다 보면 실패하고 실수하는 건 당연한 일이란다."

한 번도 실패해 보지 않은 아이일수록 두려움은 크다. 그러나 실패와 실수를 받아들이면 용기를 낼 수 있다. 버려지는 도화지가 줄어드는 만큼 아이들의 두려운 마음도 조금씩 사라질 것이다.

얼렁뚱땅 미술 교실

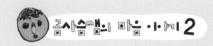

미술 활동을 통해 성격이 분석된다고 생각될 때 다시 생각해 볼 것

기원전 히포크라테스(Hippocrates)는 혈액의 끈적임, 점도의 차이가 성격을 형성한다고 생각했다. 혈액, 점액, 흑담즙, 황담즙 등 4가지 체액에 따라 행동과 감정이 달라진다고 보았다. 이는 성격 유형론의 시초라고 볼 수 있는데, 고대 그리스의 명의 갈레노스(Galen)는 이 체액론을 바탕으로 기질론을 제안하며 구체화시킨다. 체액이 곧 사람의 기질을 이끌고, 이 기질은 성격 특징을 나타낸다고 보았다.

인간의 성격을 유형으로 구분하고자 하는 노력은 지금까지도 계속되고 있는데, 미국의 심리학자 셸던(William Sheldon)은 3가지 신체 유형에 따라 성격 유형을 나누었다(1942). 즉 비만형인 사람은 사교적이고 정서적인 안정을 지녔으며, 근육형인 사람은 열정적이고 지배적인 성격과 모험, 운동을 좋아한다고 보았다. 또 마른 체형은 내향적이고 예민한 성격을 지녔다고 구분하였다.

시선을 우리나라로 돌리면 사상의학(四象醫學)이 있다. 조선 시대

이제마는 태양인·태음인·소양인·소음인으로 분류했는데, 이는 우리나라에서 제안된 대표적인 체질, 성격 유형론이라고 할 수 있다. 사상의학은 유학과 한의학이 결합된 형태라고도 말하는데, 체질과 더불어 성격적 특성을 제시하여 더욱 흥미진진하다.

현대에 들어와서는 혈액형에 따른 성격 분석이 우리나라와 일본에서만 유난히 유행하는데, 혈액형에 따라 성격 유형이 달라진다고 보고 있다.

이처럼 한 사람의 성격을 이해하기 위한 많은 시도와 논의가 있었다. 성격 유형론은 인간의 다양한 성격을 몇 가지 유형으로 나누어 직관적이고 단순화시켜 한 사람의 성격을 쉽게 이해할 수 있도록 돕는 장점이 있지만, 한편으로는 몇 가지 한계점도 보인다. 동질 성격 유형 중 개인차를 설명하기 힘들며, 기술적인 분류일 뿐 설명에 근거가 부족하다. 또 개인에 대한 고정관념과 편견이 생길 소지가 크다고 할 수 있다.

이런 유형론의 한계를 반성하여 1900년대 중반 무렵부터 등장한 것이 성격 특성론이다. 개인의 성격 중 여러 가지 고유의 특성을 평가하여 어느 정도의 위치에 있는지 파악하는 방법이다.

여기서 말하는 특성은 성격의 기본적 구성 요소로, 자극에 대하여 특정한 방식으로 반응하는 경향성을 뜻한다. 따라서 모든 사람은 고유의 행동 경향성, 반응의 일관성이 있으며, 이 경향성의 본질을 파악하는 것이 성격 특성론의 핵심이다. 많은 심리학자들이 성격을 구성하는 요인을 찾아내기 위하여 노력한 결과 특성의 다양한 구성 요소를 찾고 이를 측정하여 심리 평가 도구로 발전시켜, 인간의 성격을 측정하고 이해하려고 노력하고 있다. 흔하게 말하는 개방성·외향성·신경증·우호성·성실성과 같은 각각의 특성들을 측정하여 성격의 이해를 추구하는 것이 성격 특성론이라고 할 수 있다.

우리 인간은 오랜 기간 동안 인간을 온전히 이해하고자 철학적 사유부터 과학적·통계적 분석까지 다양한 노력을 해 왔다. 그럼에도 불구하고 누구도 한 사람의 성격을 완벽히 파악하고 있다고 말할 수 없다. 한 사람의 성격은 그의 삶이 가진 시간과 경험, 생각과 감정이 모두 녹아 있기 때문이다.

교실에서 미술 활동을 통해 학생의 감정이나 성향을 엿볼 수 있지만, 그의 온전한 성격을 이해한다는 것은 어쩌면 불가능에 가까운 것 아닐까? 다만 현재 학생이 작업한 미술 활동을 통해 그가 어떤 생각과 감정을 지녔는지 이해하는 도구로써 참고할 뿐이다. 또한 이런 작품에서 알 수 있는 정보는 학생의 학교생활과 삶에 어떤 의미가 되며, 학생의 교육 활동에 도움이 되는 방향이 무엇인지 고민하며 해석할 때 의미 있을 것이다.

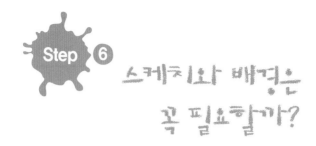

Step 6 스케치와 배경은 꼭 필요할까?

 아이들은 왜 스케치와 배경에 집착하는가?

"가장 인상적인 장면을 그려 봅시다."*

특정한 주제를 주는 것이 아니라 자신에게 인상적이었던 장면을 그리라고 하는 이유는 나에게 가장 즐겁고 아름다웠던 장면을 찾아내어 표현하는 것이 즐거움을 극대화할 수 있기 때문이다. 이때 다음과 같이 물어보는 아이들이 있다.

"선생님, 스케치해야 하나요?"

"선생님, 배경 꼭 칠해야 하나요?"

---

* 저학년 학생들은 '인상적인 장면'이 무엇인지 모르는 경우가 있다. 이런 경우엔 발문을 좀 더 다양하게 할 수 있다. "가장 기억에 남는 장면, 먼저 생각나는 모습, 다른 사람에게 소개하고 싶은 장면, 자랑하고 싶은 장면"과 같이 질문을 하면 효과적이다.

얼렁뚱땅 미술 교실

빈 도화지를 앞에 두고 마음껏 무엇이든 그릴 수 있는 아이가 있는가 하면, 선뜻 시작하기 힘들어 하는 아이가 있다. 스케치부터 잘 그려야 한다는 부담감이 큰 경우와 어떻게 시작해야 할지 그 기법을 모르는 경우로 나눌 수 있는데, 어떤 이유가 되었든 아이들이 스케치를 못한다고 스스로 믿기 때문에 오는 현상이다. 이런 아이들은 미술 시간에 가장 빨리 그림을 그리거나 가장 늦게 낸다.

왜 이런 현상이 벌어질까?

가장 빨리 내는 아이는 하기 싫은 것을 빨리 끝내려는 것이다. 반면 가장 늦게 내는 아이는 완성의 기준이 자신의 만족이 아닌 타인의 시선이기 때문에 신중에 신중을 기하다 보니 늦어지는 것이다. 그러면서도 썩 신통하지 않고, 빨리 그린 그림이나 가장 늦게 낸 그림이 비슷한 경우도 흔하다.

스케치에 집착하는 아이들은 그림을 그리는 데 표현의 자유로움보다는 규칙을 지키는 것이 더 중요하다고 생각한다. 집에서 혼자 그리는 그림이 아닌 여럿이 함께 그림을 그리면서 뭔가 규칙이 있다고 느낀 경우도 있고, 아예 미술 학원 등에서 스케치와 배경에 대해 설배워 와서 생기는 현상이기도 하다.

또 자기가 그리려는 대상을 자유롭게 표현하려는 마음보다 사진처럼 정확히 표현해야 좋은 그림이라고 생각하기 때문에 오히려 위축되기도 한다. 위축된 마음으로 그리려니 꽃송이 하나만 자세히 그렸다 지우기를 반복하다 시간을 허비한다.

도화지를 색으로 다 채워야 한다는 생각이 강한 아이들은 배경색을 뭐로 쓸까, 어떻게 채울까를 고민한다. 한 색으로 채우는 경우가 많지만, 한 색으로만 채우면 자기가 봐도 어색한지라 배경에 해도 그려 넣고, 구름도 그려 넣고, 풀과 나무도 그려 넣는 아이들이 대부분이다. 그리려고 하는 인상적인 장면은 뛰어놀고 있는 자신의 모습이나 아름다운 꽃이라고 하면서 정작 대상은 작게 그리고 배경은 오히려 더 크게 그리는 경우도 있다. 때로는 배경색부터 정해 달라고 요청하는 아이도 있다.

스케치와 배경이 필요한 이유를 알게 하라

아이들이 스케치와 배경 처리를 어려워하면 어떻게 해야 할까? 가장 먼저 스케치와 배경 처리를 왜 하는지 이야기하는 것이 좋다.

스케치는 머릿속에 구상해 놓은 장면을 도화지에 옮기기 위해 대

얼렁뚱땅 미술 교실

략적인 상을 잡는 활동이다. 물론 스케치 자체로 완성된 작품이 되는 경우도 있지만, 얼렁뚱땅 미술 교실에서는 대상을 표현하기 위한 전 단계로 본다.

우선 그리려는 대상에 집중하게 한다. 스케치를 시작하지 못할 때는 너무 많은 내용을 그리려고 하는 것은 아닌지, 혹은 너무 작은 것을 그리려는 것은 아닌지 점검하게 한다. 때로는 아름다운 장면이 너무 많아 그것을 다 표현할 엄두가 나지 않기 때문이다.

"무엇이 가장 인상적이었니?"

인상적인 것과 아름다운 것에 대한 이야기를 나누다 보면 아이가 무엇을 인상적으로 보았는지 짐작할 수 있다. 앞서 진행된 야외 수업 장소에 교사도 함께 있었기 때문에 충분히 짐작이 가능하다.

"그렇구나! 바위틈에 난 꽃을 선생님도 눈여겨보았는데."

혹은 전혀 짐작이 안 될 때는 솔직하게 말해도 된다. 다만 아이의 말에 맞장구를 쳐 주면서 아이가 본 인상적인 장면에 집중하도록 해 준다.

"어머나, 들판에 그런 꽃이 있었는지 선생님은 몰랐네."

대상이 정해졌다면 다음은 자세히 들여다보거나 혹은 멀리서 바라보며 대상의 크기나 구도를 잡게 한다.

"도화지는 엄청나게 많단다. 실수해도 상관없고, 실패하면 다시 시작하면 돼."

"도화지는 얼마든지 써도 되니까 마음에 들 때까지 그려 보렴."

얼렁뚱땅 미술 교실에서는 그림을 잘 그리는 방법을 지도하는 것은 아니지만, 때로는 시작조차 못하는 아이들에게 도전할 수 있는 용기를 갖게 하는 것이 우선이다. 충분한 시간과 넉넉한 도화지 그리고 그리는 방법에 대한 도움이 주어지면 아이들은 해 볼만 하다는 용기를 갖는다.

배경은 표현하려는 주된 대상, 즉 인상적인 장면을 제외한 나머지를 표현하는 것이다. 즉 뛰어놀고 있는 아이나 아름다운 꽃과 나무를 제외한 나머지 여백을 처리하는 것이다. 그림에서 그리려는 대상과 여백 중 어느 것이 더 중요할까? 물어볼 것도 없이 대상이다. 이 대상을 보다 잘 표현하기 위해 배경이 필요한 것임을 이야기해 준다.

"잊지 말아야 할 것은, 우리는 가장 인상적인 그 장면, 가장 아름다웠던 그 장면을 표현하고 있다는 거야."

수업을 하다 보면 그림 그리기를 어려워하는 아이들은 대부분 내색을 잘 하지 않는다. 그러다 보니 자신만 못 그리는 것은 아닌가 혼자 고민하는 경우가 많다. 따라서 모둠별로 그림을 그릴 때 어려운 점과 좋은 표현 방법 등에 대해 함께 이야기를 나누고 발표하는 시간을 갖는 것도 좋다. '미술 시간에 나만 어려운 것은 아니었구나!' 하고 용기를 얻고, 서로를 격려할 수 있는 시간이 되어 준다.

고학년으로 갈수록 미술 포기자가 느는 이유

국어 교과서에도 소개되었던 피터 레이놀즈의 동화 『점』에는 미술 시간이 끝나도록 아무것도 그릴 수 없었던 베티가 등장한다.

베티는 스스로 무엇도 그릴 수 없다고 생각했다. 그 순간 선생님은 베티에게 "어떤 것이라도 좋으니 한번 시작해 보렴. 그냥 네가 하고 싶은 대로 해 봐."라고 격려한다. 그러자 베티는 작은 점 하나를 찍어 놓고 그것에 자신의 이름을 쓴다. 그렇게 시작된 주인공의 '점' 작품은 점차 다양한 형태로 표현되고, 학교 미술 전시회에서 큰 인기를 얻는다. 그리고 베티와 같이 그림 그리기를 어려워하는 동생에게 똑같이 용기를 준다는 내용이다.

고학년이 될수록 미술 포기자가 많아지는 이유는 갈수록 미술에 대한 자신감이 떨어지고, 스스로 미술을 못한다고 생각하는 아이들이 늘기 때문이다. 초등 3, 4학년이 되면서부터 아이들은 타인과 나를 비교하고 평가하기 시작한다. 사실 비교하는 인지적 능력은 여러 가지 면에서 매우 의미가 있다. 보다 추상적인 사고를 가능케하고, 비교를 통하여 자신이 필요한 것을 습득할 수 있는 학습의 틀로 활용하기 때문이다. 문제는 인지적 도구가 잘못 활용되어 일종의 프레임으로 작용한다는 것이다.

타인과의 비교가 자신의 존재나 능력을 평가하는 것으로 쓰이지 않도록, 그리하여 학생의 자존감을 보호하고 미술 활동에 대한 동기를 유지할 수 있도록 교사의 지도가 필요한 시점이다.

작품의 가치를 살피는 교사의 감상 태도

미술 활동은 한 개인의 내면을 자유롭게 표현하는 과정이다. 그래서 다양한 미술 활동이 숨어 있는 내면을 드러내고 치유 효과까지 가져온다는 연구 결과도 많다.

얼렁뚱땅 미술 교실 역시 모든 학생들이 자유롭게 자신의 표현 욕구를 드러내고, 그 과정을 통해 학생들이 성장하는 것을 기본 철학으로 한다. 그러기 위해서는 학생들의 작품이 온전한 가치를 인정받아야 한다. 자아의 표현이기도 한 작품이 다른 아이의 작품과 비교되거나 잘못된 평가를 받는다면 그 활동은 성장이 아닌 상처로 남을 수 있기 때문이다.

따라서 교사가 어떤 태도를 가지고 있는가, 어떤 평가 기준을 갖고 있는가에 따라 미술 수업의 방향이 달라질 수 있다. 학생의 작품을 대할 때는 작품의 표현이 효율적인가를 살필 것이 아니라, 작품이 무엇을 말하고 있는지를 보아야 한다. 표현 기법은 더 자주, 더 많이 그리면 숙달될 수 있는 기술적 영역이다. 그러나 학생의 작품 감상에서는 기법보다 작가의 시선과 관점, 표현하고자 하는 것이 무엇인가를 파악하는 일이 우선되어야 한다.

얼렁뚱땅 미술 교실을 통해 아이들이 자신의 생각을 자유롭게 표현하면서 성장하는 것을 돕고 싶다면, 학생의 작품을 대하는 교사의 태도를 점검할 필요가 있다.

인상적인 장면을 '똑같이' 표현해 내지 못해도, 특징이 잘 나타나도록 '정확하게' 표현해 내지 못해도 세상에 단 하나밖에 없는 작품임을 이야기해 주자. 내가 원하는 것, 내가 보고 있는 것, 내가 표현하고 싶어 하는 것, 내가 꿈꾸는 것이 무엇이든 아이가 그리는 그 어떤 것도 좋은 그림이 될 수 있음을 이야기해 주어야 한다.

Step 8

언제든 다시
그릴 수 있다

🎭 뭔가 아쉬움이 남는다

아름다운 장면을 찾고, 자유롭게 표현하고, 학생들과 함께 감상까지 모두 끝내고 나면 다음 주제로 넘어간다. 이때 잘 표현해서 기쁜 아이도 있고, 주제를 잘못 해석해서 망쳤다고 생각하는 아이도 있을 것이다. 좀 더 세심하게 표현하지 못해서, 좀 더 과감하게 표현하지 못해서 아쉬운 아이도 있다. 아이들과 함께 감상의 시간을 가지면 그 느낌과 감정이 더 크게 나타난다.

"이 부분을 좀 더 강렬하게 그렸으면 더 좋았을 텐데……."

"이 부분을 좀 더 크게 표현했으면 더 좋았을 텐데……."

"이 부분을 좀 더 섬세하게 표현하면 더 좋았을 텐데……."

나는 그림 그리는 기법에 대해서는 자세히 이야기하지 않는다.

대신 주제를 잘 표현한 다른 아이의 작품을 보여 주며 설명해 준다. 많은 아이들이 비슷한 주제를 표현하는데, 그 이유는 같은 장소에서 공유한 즐거움이 많기 때문이다. 그러다 보니 아이들이 발견하는 소재도 비슷하다. 또 자신이 꼽은 아름다운 장면보다 다른 친구가 그려 내는 것을 따라 하는 경향도 있다. 그래서 아이들 그림에서는 같은 소재라 해도 다양한 표현을 만날 수 있다.

예시된 그림을 한번 보자.

2018년 4학년 아이들이 얼렁뚱땅 미술 교실 첫 번째 시간에 학교 앞 광려천에서 야외 수업을 하고 난 후 기억에 남는 인상적인 장면을 그린 것이다. 대충 보면 아래의 그림들이 잘 그린 것 같고, 위의 그림은 어설퍼 보인다. 아래의 그림은 징검다리와 수초 그리고 손이 나온다. 광려천에서 물수제비를 하고 놀았던 장면을 그린 것이다. 위의 그림은 물속에서 놀고 있는 물방개를 그렸다. 물수제비를 하며 놀았던 아이도 물방개를 보았고, 물방개를 보았던 아이도 물수제비를 하고 놀았다. 같은 기억을 갖고 있지만 어떤 기억을 어떻게 표현하느냐에 따라 새로운 기준이 생긴다. 비슷한 주제를 그리면 아무래도 구도나 색채 등 비교할 수밖에 없다. 하지만 표현 기법은 조금 부족하더라도 다른 아이들이 표현하지 않은 것을 그리면 그 자체로 인정받을 수 있다.

친구들의 작품을 함께 감상하며 그림 소재에 대한 새로운 관점을 갖게 된 아이들은 욕심이 생긴다.

'한 번 더 하면 잘할 수 있겠어. 한 번 더 그릴 수는 없을까?'

얼렁뚱땅 미술 교실에서는 언제나 아이들의 생각을 구현하는 것이 최우선이다. 한 번 더 부여된 기회는 아이들에게 또 다른 의미가 된다. 첫 번째 작품을 그릴 때는 두려움을 극복하기 위해 애썼다면, 두 번째 작품을 그릴 때는 아이들의 내면을 표현하고자 하는 욕망을 부추겨 보는 것이다.

'좀 더 잘 그리고 싶다!'

'좀 더 강렬하게 표현하고 싶다!'

'좀 더 나를 드러내고 싶다!'

이런 아이들의 마음을 그림 속에 표현하도록 유도한다.

그럼 두 번째 시간을 통해 아이들의 그림이 어떻게 달라졌는지 하나씩 살펴보자.

오리가 등장했다. 마침 광려천에 철새 몇 마리가 있었는데, 아이는
청둥오리가 더 좋았던 것 같다.

첫 작품에서는 손만 보여 주었던 아이는 얼굴을 드러냈다. 자신의
모습을 화면에 드러내는 것 자체가 용기이다.

물방개가 가장 인상적이었다는 아이에게는 물방개를 더 강조해서
표현해 보기를 권했다.

청둥오리와 놀고 싶었던 아이는 두 번째 그림에서 표정과 대상을
좀 더 명확하게 표현하였다.

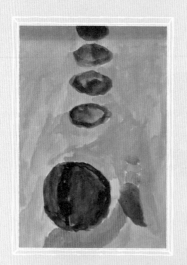

첫 번째 그림에서는 뒷모습만 보이던 아이의 모습이 정면을 바라보는 것으로 바뀌었다. 그림의 소재가 바뀐 것이 아니라 시선만 바뀌어도 변화를 실감할 수 있다.

도전하는 즐거움을 만나게 한다

모두 첫 번째 그림보다 자연스럽게 자신의 모습이나 대상을 표현하였다. 아이들은 자연스럽게 자신을 드러내는 법을 배운 것이다.

같은 장면이나 소재를 두 번 그리게 된다면 아이들은 미술 활동에 여유를 가질 수 있다. 학교의 학사 일정을 맞추다 보면 결과물에 조급함이 나올 수 있는데, 이는 미술 시간이 싫어지는 원인이 되기도 한다. 아이마다 성향이나 작업 속도가 다르기 때문이다.

그림을 못 그린다고 여기는 아이는 그림 실력이 없기 때문이라 생각하지만 실제로는 분명한 대상을 선택하지 못했기 때문에 그리지 못한 것이다. 그 분명한 대상은 자신에게 인상 깊었던 장면이기 때문에 정의도 아이 스스로 해야 한다. 무엇을 그릴 것인가 선택하는 일은 의사결정(decision making)의 과정이기 때문에 결과에 대한 책임을 생각하게 되고, 그런 이유로 선택은 부담스러운 일이다. 다만 저학년일수록 직관적인 방법으로 결정하기 때문에 오히려 그릴 대상을 쉽게 선택한다.

만약 아이가 그릴 대상을 선택하기 어려워한다면 무엇을 선택할지, 어떤 것이 눈에 띄는지 대화를 통해서 학생의 직관에 힘을 넣어 주는 것이 효과적이다.

두 번째 그림을 그리게 되면 잘 표현하고 싶은 욕망을 자극할 수 있다. 물방개, 청둥오리, 물수제비와 같이 눈에 띈 것이나 재미있었던 장면을 확대하는 것만으로도 훌륭한 이야깃거리가 된다는 걸 안 아이들은 이번에는 표현에 대해 고민한다. 따라서 이때는 그 고민을 수용하고 함께 해결한다는 자세로 접근하는 것이 효과적이다. 교실에는 미술 학원을 다니는 아이도 있고, 표현 실력이 꽤 좋은 아이도 있다. 문제는 다른 아이들이 이런 기법을 자발적으로 익혀야겠다는 생각을 하지 않았다. 그런데 이후에는 잘 표현하고 싶은 욕망을 가진 아이부터 표현 기법을 찾기 시작한다.

"다른 친구들이 어떻게 표현했고, 어떤 기법을 썼는지 물어봐도 됩니다."

새로운 것에 도전하려면 용기가 필요하다. 그러나 그 용기를 내기가 쉽지 않다. 실패가 두렵고, 피하고 싶은 마음 때문이다. 그런데 실패할 것을 뻔히 알면서 다시 도전하는 상황이 있다. 게임의 경우가 대표적인데, 사람들은 게임에서 실패해도 금방 다시 이어 나간다. 게임이 주는 재미와 긴장감을 좋아하고, 다시 시작하면 더 잘할 수 있을 것 같은 기대를 갖기 때문이다.

그림을 그릴 때도 도전 속에서 점차 자신만의 표현 방법을 찾고, 그를 통해 탄생한 작품이 좋은 평가를 받는 즐거움을 만나게 된다면 실패는 더 이상 두려움의 대상이 되지 않을 것이다.

우연, 조화로움
그리고 일관성의 힘

아름다움을 표현하는 것은 우연에서 시작된다

앞서 표현하고 싶은 것이 잘 표현되었고, 그래서 내가 만족한 그림이 좋은 그림이라고 이야기했다. 좋은 그림에 대한 두 조건은 그림 그리기를 어려워하는 아이들의 마음을 자극할 수 있었다.

하지만 교사 입장에서는 정말 아이들 마음대로 표현하게 두어도 괜찮을까, 하는 걱정이 들 수 있다. 친구들과 함께 교실 밖에서 즐겁게 놀고 난 뒤 기억에 남아 있는 아름다운 장면을 그림으로 표현한다고 해 보자. 아이는 노란 꽃이 눈에 들어왔다. 그래서 어떤 형태든 노란 꽃을 표현할 것이다. 아이는 그 과정이 재미있었고, 자기가 그린 노란 꽃을 보면 기분이 좋아졌다. 그렇다면 아이가 그린 그림은 좋은 그림이다.

이처럼 좋은 그림의 시작은 계획된 것이 아닌 우연에서 출발한다. 얼렁뚱땅 미술 교실에서는 좋은 그림을 그리기 위해 뭔가 작정하지 않는다. 그저 마음을 열고 아름다움을 찾고, 생각과 마음을 그대로 표현하면 그만이다. 그림은 아이들의 생각과 마음을 표현하는 방식이고 도구이지 평가의 대상이 될 수는 없다.

조화로움은 변화와 화합의 과정이다

"노란 꽃이 참 좋구나. 화단에 핀 그 꽃을 선생님도 보았지."

교사의 칭찬은 아이를 더 신나게 한다. 평소 그림을 잘 못 그린다고 생각해 왔던 아이일수록 기쁨은 크다. 그러나 그 기쁨이 오래가기에는 넘어야 할 난관이 있다.

"내 눈에는 노란 요강처럼 보이는데."

선생님의 칭찬에 우쭐했는데 옆 친구가 이런 말을 한다. 그림을 그린 아이를 시샘하는 것이 아니라 눈에 보이는 대로 말하다 보면 노란 꽃이 요강처럼 보일 수 있다. 노란 꽃을 가장 아름답다고 생각하는 아이가 있다면, 그 노란 꽃을 요강처럼 보는 아이의 시선 역시 자신만의 관점이다. 하지만 노란 꽃을 그린 아이는 실망하고 만다.

"다음에 한 번 더 그릴 기회가 있어. 부족하다고 생각하는 부분이 있으면 다시 표현해 보자."

친구가 자신의 노란 꽃을 요강이라 해서 속상하긴 하지만, 노란 꽃을 요강처럼 보이지 않게 하려면 새로운 표현 기법이 필요하다는 걸 깨닫는다.

"친구의 그림을 똑같이 따라 그리는 것은 안 돼. 대신 친구의 표현 기법은 가져와도 된단다."

아이는 선생님의 말에 귀가 번쩍 열린다. 둘러보니 꽃을 그리는 친구들이 제법 있다. 색깔이나 물의 농도를 조절해서 그리는 방법이 있다는 걸 배운다. 붓의 종류나 터치에 따라서도 다르게 표현된다는 것도 알아차린다.

"이건 어떻게 그린 거야?"

이 한마디면 자신의 표현 기법을 인정받았다고 여긴 친구들이 술술 말해 준다. 자신의 부족함을 용기 있게 드러내는 아이와 그런 친구를 격려하며 돕고자 하는 아이들 간의 의사소통 과정은 학급 운영에도 긍정적인 영향을 준다. 또한 건강한 의사소통의 과정을 통해 탄생한 아이들의 새로운 작품은 다른 아이들도 쉽게 그린 이의 감정에 공감할 수 있어 더욱 재미있는 감상 시간을 가질 수 있다.

 자신만의 일관성을 찾다

아이들은 서로의 표현 기법을 나누면서 점차 자신의 방법으로 재창

조해 나간다. 처음에는 친구들로부터 호평을 받을 만한 그림을 그
린다. 그러나 매번 친구들이 좋아하는 그림을 그리다 보면 식상해
진다. 그래서 조금씩 변화를 준다.

노란 꽃은 맞는데, 노란 꽃의 모습이 조금씩 변한다. 좀 더 가까
이 혹은 좀 더 멀리서 바라보며 시선을 바꿔 본다. 같은 노란색을
쓰면서도 다른 물감이나 물을 조금씩 섞어 본다. 변화를 추구하지
만 노란 꽃을 봤을 때의 아름다운 느낌은 잃지 않으려 한다. 비로소
아이는 누구와도 같지 않은 노란 꽃을 그리면서 자신의 개성을 찾
아간다.

시간이 흘러 아이는 노란 꽃의 대가가 되었다. 그의 그림에는 노
란 꽃을 그리지 않아도 노란
빛이 나는 듯하다. 일관성을
얻은 것이다.

아이가 고흐의 〈해바라
기〉를 표현했다고 상상해
봤다. 그림에서 일관성을 가
진다는 건 화가의 경지이다.
하지만 화가의 경지는 별스
럽지 않다. 자신만의 독특하
면서도 일관성 있는 화풍이
나오는 것을 말한다.

〈해바라기〉, 런던 내셔널갤러리

얼렁뚱땅 미술 교실

미술관을 오래 다니다 보면 유명 화가들의 그림은 이름표를 보지 않고서도 알아채는 경우가 많다. 고흐, 고갱, 르누아르, 모네 등 이름만 들어도 알 수 있는 화가들의 그림은 그들만의 독특한 느낌이 있다. 이것이 바로 일관성이다.

얼렁뚱땅 미술 교실을 통해 아이들에게 유명 화가 수준의 일관성을 요구하는 것은 아니다. 아이 스스로 아름답다고 생각하는 대상을 정하고, 그것을 친구들이 공감하고 함께 즐길 수 있는 수준으로 표현하며, 그런 꾸준한 미술 활동을 통해 자신만의 개성을 완성해 나가면 된다.

일상의 우연을 시작으로 일관성까지 가는 얼렁뚱땅 미술 교실의 흥미진진한 과정은 아이들의 삶을 의미 있고 풍요롭게 하는 데 큰 역할을 할 것임을 믿어 의심치 않는다.

Step ⑩ 얼렁뚱땅 미술이 더 즐거운 화가 이야기

그림을 못 그린다고 생각하는 아이는 미술 시간이 재미없다. 아름다운 풍경이나 예쁜 꽃, 신나게 놀고 있는 자신의 모습을 그림으로 표현했지만 늘 뭔가 어색하다고 느낀다. 기억은 좀 더 선명하고 명확한데 표현된 그림은 자기가 봐도 이상하다. 대상은 명확하지 않고, 선은 삐뚤빼뚤, 색깔은 엉망진창……. 도화지를 채우는 것이 힘들기만 하다. 아무리 옆에서 교사가 자신감을 갖고 표현해라, 원하는 색깔을 사용해라, 도화지는 얼마든지 줄 테니 실패를 두려워하지 말라고 해도 자신감이 생기지 않는다.

"망친 것 같아요……."

그리다 만 그림을 가져와 새 도화지로 바꿔 가는 아이는 어색한 미소를 짓거나 아니면 울상으로 하소연한다. 얼렁뚱땅 미술 교실에서는 망친 그림 자체가 없는데 망쳤다고 생각하는 이유는 뭘까?

아이들은 자신이 그린 그림이 좋은 그림이라고 인정받는 경험을 해 보지 못했기 때문이다. 한 발 더 들어가면 그런 작품이 명작으로 인정받는 것을 보지 못했기 때문이다.

그림에 자신감이 없는 아이들이 보기에 눈이 휘둥그레지는 작품을 남긴 화가들이 있다. 어떤 작품이기에 아이들에게 위안(?)을 주는지 지금부터 살펴보자.

1. 윌리엄 터너(Joseph Mallord William Turner)

영국이 자랑하는 풍경 화가이다. 보통 풍경화라 하면 아름다운 장면을 멋진 구도로 잡아 섬세하게 그린 그림이라고 생각하지만, 윌리엄 터너의 풍경화는 조금 다르다. 빛이 주는 색감에 대해 많은 연구를 하고 작품으로 남긴 터너는 특히 안개와 대기 속에 산란되는 빛을 몽환적으로 표현한 것이 인상적이다. 얼렁뚱땅 미술 교실에서는 이 점에 주목한다.

터너는 계산된 몽환을 연출한 것이지만 아이들 입장이 되면 표현의 게으름, 미세근육이 덜 발달되어 생긴 붓 조작의 서툼 등의 상황으로 볼 수도 있다. 대상을 작게 그리고 나면 도화지의 여백은 광활해진다. 그럴 땐 채우는 것을 우선으로 여백을 정리하려고 한다. 이렇게 그린 그림은 인정해 주기도 쉽지 않고, 칭찬해 주기도 어렵다.

이럴 때 터너의 그림은 빛을 발한다.

아이가 그려 낸 거친 표현과 터너의 계산된 빛의 산란이 절묘하게 맞아떨어지는 그림을 함께 보여 주면 탄성이 절로 나온다.

"○○이의 그림은 터너의 그림과 닮았구나. 어떤 느낌으로 표현했는지 한번 이야기해 줄래?"

터너의 그림은 미술을 싫어하는 아이들에게 영감을 준다.

고학년 남자아이들 중에서 의외로 터너의 그림 같은 형태로 그림을 그리는 아이가 있다. 색연필, 크레파스와 달리 붓으로 표현해야 하는 그림물감의 특성상 세밀한 터치가 잘 되지 않는 아이는 미술 시간이 고역이다. 이때는 어떻게 표현하려 했는지 묻기보다는 무엇을 표현하려고 했는지를 물어보자. 세밀한 표현이 어려운 아이에게 세밀하게 표현하지 못했다고 해 봤자 소용없다. 아이가 흥미와 의욕을 잃지 않고 계속해서 미술 활동을 하는 것이 더 중요하다.

〈눈보라〉, 테이트 갤러리

〈멀리 만이 보이는 강가 풍경〉, 루브르 박물관

〈바다 위의 불〉, 테이트 갤러리

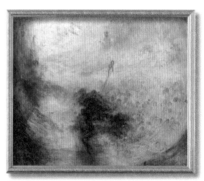

〈빛과 색채 : 노아의 대홍수 이후의 아침,
창세기를 쓰는 모세〉, 테이트 갤러리

2. 바실리 칸딘스키(Wassily Kandinsky)

추상미술의 대가인 바실리 칸딘스키는 대상과 색채를 음악적으로 표현한 것으로 유명한 화가이다. 음악적으로 표현한다는 건 대상을 화려한 색채를 이용해 보다 리듬감 있게 표현하는 것을 말한다.

보통 그림을 볼 때는 구체적인 대상의 형태를 머릿속에 그릴 수 있다. 풍경을 그렸으면 그 풍경 속의 어떤 대상을 그리고, 정물이나 인물 역시 마찬가지다. 그러나 칸딘스키의 그림 속에서는 구체적인 대상을 찾기 어렵다.

아이들 그림 중에도 칸딘스키의 향기(?)를 느낄 수 있는 작품이 종종 있다. 대상을 모호하게 표현하거나 원색 위주의 색깔을 선택하는 아이, 반대로 직선과 도형을 정확히 표현하려고 자를 대서 그리는 아이도 있다. 대상이 모호하든, 아니면 정확히 표현하려 했든 실제 대상과 유사하지 않고 불분명해 보이는 그림을 그린 아이는 스스로 만족스럽지 못하다.

그럼 왜 원색 위주로 칠할까? 색을 섞어 다른 색을 표현하는 것이 귀찮거나 크레파스처럼 한 가지 색이 딱 정해진 것을 좋아하는 경우이다. 특히 물감으로 표현하면 농담(濃淡)이나 채도에 따라 표현되는 느낌이 다른데, 이걸 탐구하기보다 익숙한 것을 선택하는 쪽이다. 형태에 집착하나 어그러지고, 색깔은 단순화하여 표현하다 보니 의도치 않게 칸딘스키의 작품과 유사하게 나오기도 한다.

얼렁뚱땅 미술 교실

〈검은 아치와 함께〉, 조르주 퐁피두센터

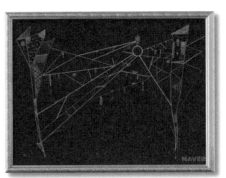

〈그물〉, 조르주 퐁피두센터

〈즉흥 Ⅲ〉, 조르주 퐁피두센터

〈세 개 점이 있는 그림〉,
티센보르네미사 미술관

3. 잭슨 폴록(Jackson Pollock)

가끔 멋대로 그림을 그리는 아이가 있다. 물감과 물을 마구 섞어서 도화지 위에서 붓을 휘두르거나, 물감을 흩뿌리기도 한다. 이런 아이들은 미술 시간에 혼나기 십상이다. 옆에 있는 아이에게 물감이라도 튀면 다툼과 원성의 대상이 되기도 한다.

이런 아이들에게 희망을 주는 화가가 바로 액션 페인팅의 대가, 추상표현주의의 선구자인 잭슨 폴록이다. 액션 페인팅이란 커다란 캔버스를 눕혀 놓고 물감을 붓고, 뿌리고, 끼얹는 활동으로 표현하는 방식을 말한다. 대상을 추상적으로 표현하는 것을 넘어 표현 그 자체를 중요하게 여기는 추상표현주의는 어떤 기법이나 사조에 얽매이지 않는다.

물론 아이들은 추상표현에 대한 생각을 하고 표현하는 것이 아니라 과잉된 표현이나 표현 그 자체를 즐거워한다. 교사 입장에서 이런 행위를 칭찬하기는 쉽지 않지만, 잭슨 폴록은 표현의 의지만 가지고 있는 아이도 미술을 놓치지 않고 즐길 수 있도록 인도해 주는 고마운 화가이다.

얼렁뚱땅 미술 교실

〈노랑, 회색, 검정〉, 개인 소장

〈검정색, 흰색, 노란색, 붉은색 위의 은빛〉,
조르주 퐁피두센터

〈하나 : No. 31〉, 뉴욕 현대미술관

〈연보랏빛 안개 No. 1〉, 워싱턴 내셔널 갤러리

이밖에도 아이들에게 희망을 주는 화가들은 많다.

무언가 의미 있는 것을 그리려고 하지만 표현 기법이 부족하여 잘 표현되지 않고, 오히려 대상이 기호처럼 표현되어 버리는 아이들이 있다. 이런 아이들에게는 호안 미로(Joan Miro)의 작품을 보여 준다. 초현실주의 화가인 호안 미로는 대상의 모습을 그대로 넣는 것이 아니라 작가의 상상력을 동원하여 기존의 상징을 새롭게 창조해 자신만의 형태로 그렸다. 마치 기호를 표현한 것 같은 그의 작품들은 그림 그리기에 두려움을 가진 아이들에게 매력적으로 다가온다.

사이 톰블리(Cy Twombly)는 낙서를 예술의 경지로 승화시킨 추상 화가이다. 아이들에게 톰블리의 그림을 보여 주면 '저것도 그림이야?' '저렇게 그려도 돼?' 하며 놀라워한다. 톰블리의 작품에는 특유의 상징적인 기호와 서툰 글씨체가 하나의 스타일을 이루고 있는데, 표현에 에너지가 넘친다. 정형화된 그림을 싫어하거나 서툰 아이들에게 표현의 자유로움과 자신만의 에너지를 담을 수 있다면 설령 그 형태가 어그러져 있더라도 좋은 그림이 될 수 있음을 보여 주는 화가이다.

얼렁뚱땅 미술 교실

미술 활동의
회복적 가치,
'치유'

미술 활동에 집중하다 보면 어느새 마음이 차분해진다. 또 완성된 작품에 여러 가지 의미를 덧붙이고 설명을 하다 보면 생동감을 얻게 되는 상황을 경험하기도 한다. 이는 미술 활동이 치유적 작용을 했기 때문이라고 볼 수 있다.

그렇다면 어떤 이유에서 미술 활동이 치유적 의미를 갖게 되었을까? 다양한 형태로 설명할 수 있지만 우선 가장 먼저 떠올릴 수 있는 사람은 심리학에서 유명한 프로이트(Sigmund Freud)와 융(Carl Gustav Jung)이다.

오스트리아의 정신과 의사이자 정신분석학의 창시자 프로이트는 인간의 무의식을 억압하려는 방어기제에 대한 이론을 주장해서 큰 반향을 일으켰다. 프로이트는 인간의 본능과 관련된 원초아(id)는 성욕이나 공격성과 관련되어 있다고 주장하였으며, 인간을 움직이게 하는 기본적인 에너지로 보았다. 그러나 본능에 충실한 원초아는 초자아(super ego)라는 도덕적 규범을 만나 서로 긴장 관계를 형성한다. 한편 자아(ego)는 원초아와 초자아 사이에서 갈등을 조절하고 현실적인 선택을 하게 한다고 보는 것이 프로이트 이론의 핵심 내용이다.

즉 인간의 수많은 무의식은 공격성과 성적 욕구가 가득하여 현실에서 그것을 구현하고자 하지만, 현실 세계에서 그 욕구를 표현하면 반사회적인 행위가 되므로 초자아의 기준에 참고하여 현실 자아가 그 행동을 억압하고 누른다. 그리고 자신의 마음속에 이런 원초아가 존재한다는 사실을 잊고 살기 위해서 무의식(전혀 인지할 수 없는 의식) 상태로 그 원초아를 가둔다고 본다.

이때 원초아를 억압하는 만큼의 긴장 강도가 심리적 에너지를 소비하게 되는데, 사실 무의식을 많이 가두고 있을수록 그것을 억압하는 심리적 에너지가 많이 소비되기 때문에 무척 불안정한 자아의 모습을 보일 수 있다. 예를 들어 스트레스나 불안, 우울 등의 정서적 어려움은 초자아와 원초아의 갈등에서 오는 자아의 불안전한 신호로 본 것이다. 그래서 자아는 자신의 방어막을 만들었는데, 이를 '방어기제(Defense Mechanism)'라고 부른다. 즉 방어기제는 한 개인이 자신의 심리적 안정감을 유지하기 위한 심리적 도구를 뜻한다. 방어기제를 통해 자아가 받을 수 있는 극심한 스트레스와 불안을 견디게 하는 것이다.

미술 활동은 이런 방어기제와 같은 역할을 한다. 자신의 내적인 감정과 욕구를 표출함으로써 심리적 긴장감을 풀고 정화시키는 효과를 가져오는 것이다. 특정 대상을 표현하는 과정에서 느낄 수도 있고, 작품에 자신의 내면을 투사하기도 한다.

실제로 미술 치료를 통하여 아동기의 공격성을 낮추고 품행장애, 행동장애, ADHD 증상에 변화를 이끈 사례는 1990년대부터 지금까지 꾸준히 보고되고 있다. 물론 미술 치료는 전문적인 훈련을 거친 사람이 해야 하는 것이다. 다만 교사가 미술 활동이 가진 치유적 의미를 알고, 미술 활동을 통해 학생들이 자신의 내면을 자유롭게 표현할 수 있도록 도와준다면 학생들의 안정된 정서 향상에 기여하는 바가 클 것이다.

제 2장
얼렁뚱땅
미술 프로젝트 : 회화

이 장에서는 아름다움을 찾고 표현하는 과정을 회화를 통해 구현해 볼 것이다. 하지만 얼렁뚱땅 미술 교실에서는 눈으로 본 아름다운 대상을 똑같이 표현하기는 어렵다는 것을 전제한다. 아이들에게 똑같이 그리지 않아도 된다는 생각을 심어 주면 표현에서 한층 자유로울 수 있다. 그러나 자신이 좋아하는 방법으로 표현했을 때 다른 친구들과 느낌을 교환하는 것은 또 별개이다. 얼렁뚱땅 미술 교실은 이러한 모순된 상황 속에서 인상주의 화가들이 사물을 보던 방식을 빌려 왔다.

현실에서, 기억 속에서 아름다운 장면을 찾아낸다. 아름다운 대상을 찾았다면 좀 더 자세히 관찰하여 평소에 보지 못했던 질감을 찾아내기도 한다. 또 밝을 때와 어두울 때 그 대상의 모습이 어떻게 다른지 표현해 보는 등 좀 더 세밀하게, 좀 더 구체적인 표현 방법을 배워 본다.

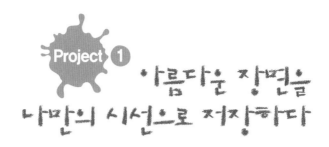

Project 1 아름다운 장면을
나만의 시선으로 저장하다

아름다운 것을 찾아 그림을 그리려고 한다. 그렇다면 먼저 경치가 좋은 곳을 찾는다. 맑은 물과 푸른 하늘을 볼 수 있는 곳, 나무들이 우거진 계곡, 넘실대는 파도가 부서지는 바닷가, 동물들이 평화롭게 노니는 곳 등 다양한 의견이 나온다. 그런데 그걸 다 그림으로 표현할 수 있을까?

 카메라로 풍경을 찍어 보면 눈으로 본 것만큼 잘 안 나오는 경우가 종종 있다. 인간의 눈은 성능 좋은 카메라보다 훨씬 더 많은 장면을 복합적으로 담아낸다. 물론 카메라에 다양한 렌즈를 끼워 보면 인간의 눈으로 볼 수 없는 곳까지 멀리 보거나 확대해 볼 수 있지만, 그것은 한 장의 사진일 때 가치가 있는 것이고, 세상에 존재하는 점, 선, 면, 색, 질감을 복합적으로 바라보고 해석할 수 있는 능력은 인간의 눈을 따라오지 못한다.

아름다운 장면을 발견하면 그리기의 반이 끝난 것

나는 아름다운 장면을 발견했다면 그리기의 반은 된 것이라고 아이들에게 이야기한다. 유명 관광지의 아름다운 풍경이 찍힌 사진이 펼쳐져 있다고 상상해 보자. 누군가 "이 중에서 아름답지 않은 것이 있나요?" 하고 묻는다면 당연히 모두 아름답다고 할 것이다. 하지만 전적으로 공감할 수 없는 풍경도 있다. 객관적으로는 아름다운 곳이지만, 그곳에서의 개인적인 경험이나 감상이 없다면 그 풍경에 의미를 부여할 수 없기 때문이다.

그런데 자신이 가 본 곳이라면 어떨까? 힘들게 올라갔던 첫 산행의 정상, 사랑하는 가족과 함께 갔던 공원 등 모든 이들이 아름답다고 인정하지 않는 곳이라도 내게는 그 어느 곳보다 의미 있고 아름다운 장소가 될 수 있다.

얼렁뚱땅 미술 교실에서는 아이들이 스스로 의미를 담을 수 있는,

그래서 더욱 선명하게 기억할 수 있는 아름다움을 찾을 수 있도록 이끌어 주어야 한다. 나아가 그 아름다움을 자신만의 방법으로 표현할 수 있도록 도와주어야 한다.

넓게 보고 자세히 보기

이번에는 풍경 사진이다. 꽃이 피어 있는 익숙한 풍경이다. 그런데 시야를 좀 더 좁히면 꽃의 개수는 줄어들지만 꽃을 좀 더 크게 표현할 수 있다. 그래도 많아 보인다. 이번에는 꽃을 최대한 크게 찍어 꽃 한 송이만 크게 표현할 수 있다.

멀리서 본 원경, 중간 거리인 중경, 가까이서 보는 근경은 전혀 달라 보이지만 실제는 하나의 풍경 속에 다 담겨 있는 것이다. 같은 풍경도 어떻게 보느냐에 따라 전혀 달라 보이는 것처럼 표현도 다양하게 할 수 있다.

교실 밖에서, 익숙한 등굣길에서 아름다움을 발견한다면, 그 풍경을 이루고 있는 작은 것들에도 시선을 던져 보자. 깊은 아름다움을 발견하는 심미안(審美眼)은 작은 것들을 눈여겨보는 습관에서 나온다.

아름다운 장면을 각자의 시선으로 저장하기

우리는 일상에서 생각보다 많은 아름다운 장면을 접한다. 날씨가 맑은 날에도, 비 오는 날이나 바람이 부는 날에도 우리는 늘 아름다운 장면을 보고 있지만 모두 기억하지 못한다. 만약 우리가 어느 순간을 기억하고 있다면 그것은 그 장면에 좀 더 특별한 의미를 두었기 때문이다. 그러다 보니 자신만의 특별한 장면은 실제 모습과 조금 다를 수도 있다. 때때로 기억은 왜곡되어 기록되기 때문이다. 그래서 친구들과 같은 곳을 여행하고 돌아온 뒤에 그곳에 대한 기억이 조금씩 다를 수 있는 것은 정상이다.

아이들도 마찬가지다. 같은 곳을 보아도 아이들마다 다른 기억을 가지고 있다. 괜찮다. 사진처럼 정확하게 기억해 내지 않아도, 자신이 기억하고 있는 아름다움을 자유롭게 표현한다면 그것으로도 충분히 좋은 그림임을 아이들에게 이야기해 주자. 아이들은 자신이 기억하는 아름다운 장면을 본 대로 표현하지 못할 것 같은 두려움을 갖는데, 그림으로 정확히 표현해 내기 이전에 아름다운 장면을 찾아내고, 미술 활동으로 표현하는 것만으로도 즐길 수 있도록 이끌어 주자.

다시 한번 말하지만 얼렁뚱땅 미술 교실에서는 그림 그리는 방법을 알려 주지 않는다. 내가 전하는 이야기는 다음과 같다.

"인상적인 장면을 떠올려 봐!"
"똑같이 그리지 않아도 된다!"
"보다 크게 그리는 것이 좋아!"
"자기가 보고 표현한 그 자체가 예술이다!"

그럼 어떤 장면들이 표현되었는지 감상해 보자.

물가의 징검다리는 늘 나오는 풍경이다. 징검다리를 건넜다가 돌아
오는 놀이만으로도 아이들에게는 충분히 즐거운 추억이 된다. 손에
들고 있는 건 돌멩이인데, 물수제비를 하고 놀았던 기억을 그림으
로 표현했다.

물가에서 노는 모습이다. 물가는 무엇보다 아이들에게 강한 기억으로 남아 있다. 흐르는 물에 발을 담그면 그 기억이 더 강렬해진다. 그래서 나는 가능하면 졸졸졸 흐르는 물가에 앉아 발을 담가 보게 한다.

징검다리에서 물수제비를 하며 논 기억은 누구에게나 남아 있지만
그걸 그림으로 표현하면 다양한 장면이 나온다. 시선을 바꾸면 사
물의 위치가 달라 보이기 때문이다. 비슷하지만 다른 느낌을 주는
작품을 만날 수 있다.

냇가 주변에 있는 큰 나무를 인상 깊게 본 아이도 있다. "나무가 왜 인상 깊었니?" 나무를 그리는 아이들에게 늘 물어보는 질문이다. 물론 특별한 대답을 원하는 건 아니다. 자신의 생각을 표현하는 순간을 갖게 하기 위해서다. 평소 수줍음이 많은 아이나 친구들과 사귀는 것을 어려워하는 아이도 가끔 나무를 그린다.

물가에서 놀았지만 근처 공원의 익스트림장을 더 인상 깊게 생각한
아이의 그림이다. 그림 그리는 것을 즐거워하지 않는 아이지만 친
구들과 함께 놀았던 기억을 되새기는 것만으로도 충분한 피드백이
되었다.

"근린공원 익스트림장에서 놀았던 모습이구나!"

이 말 한마디면 충분했다.

관찰은 내면을
튼튼히 하는
가장 강력한 도구

다양한 심리 치료 이론을 일목요연하게 정리하여 상담을 처음 공부하는 학습자들에게 인기 있는 책인 『현대심리치료』를 집필한 심리학자 코르시니(Raymond J. Corsini)*는 2001년에 250개의 심리 치료 체계에 대한 목록을 만들었고, 지금은 400여 개 이상이 될 것이라고 했다.

그만큼 심리적 문제를 해결하기 위해서는 그 사람만이 가진 심리 구조, 내적 세계에 맞는 방법을 찾아야 하기 때문에 심리 치료 이론이나 상담 이론은 앞으로도 더 세분화되고, 내담자에게 맞춤형으로 접근할 것으로 예상된다.

프로이트에서부터 시작한 현대의 심리 치료가 250여 개 이상의 상담 이론과 심리 치료로 세분화되고 다양한 모습으로 발전하였음에도 불구하고, 거의 대부분의 상담 이론에서 공통적으로 강조하는 것이 있다. 그중 하나가 '관찰하기'이다. 예를 들면 비폭력 대화

* Corsini, R. J.(2001). *Handbook of innovative therapy*(2nd ed.), New York: Wiley

(NVC, Nonviolent Communication)* 에서도 '관찰'은 내면의 갈등, 타인에 대한 왜곡된 부분을 바로잡기 위한 첫 번째 실천 행동으로 꼽고 있다.

관찰은 내가 갖고 있는 선입견이나 편견, 가치 등이 주는 오해를 멈추고 상황이나 타인을 있는 그대로 바라보는 것을 뜻한다. 어떤 문제 상황을 해결할 때도 상황을 관찰하는 힘이 문제 해결의 시작점이 되곤 한다. 새로운 것을 발견할 때도, 무엇을 발명할 때도 우리는 관찰을 통해 시작한다.

비폭력 대화의 4단계

1. 관찰 : 상황에 대하여 내가 평가한 것을 분리하고 관찰한 것만 표현한다.
2. 느낌 : 관찰에 대한 자신의 느낌을 표현한다.
3. 욕구 : 느낌 속에서 발견되는 욕구, 가치관을 발견한다.
4. 부탁 : 원하는 것을 구체적으로 부탁한다.

미술 준비물을 매번 가져오지 않는 아이에 대한 비폭력 대화

1. 관찰 : 준비물을 가져오지 않았구나.
2. 느낌 : 지난 시간에도 가져오지 않았던데, 조금 아쉬웠어. 선생님은 준비물 준비가 중요하다고 생각해.
3. 욕구 : 학교 오기 전에 준비물을 다시 한번 살펴봤으면 좋겠어.
4. 부탁 : 다음 미술 시간에는 준비물을 잘 챙겨 올 수 있겠니?

위에서 관찰 단계를 중요하게 봐야 한다. '준비물을 가져오지 않은 것' 이외의 평가적인 생각이 들었다면, 비폭력 대화를 시작조차 할 수 없다. 예를 들어 '매번 준비물을 가져오지 않는 것을 보니 분명 교사를 무시하는 거야. 준비물 가져오지 않는 습관을 여기서 고쳐야 할 것 같아.'와 같이 평가적인 생각이 침투할 수 있다. 이런 평가가 담긴 생각과 실제 일어난 일을 분리하는 것이 중요하다. 그것이 '관찰'의 시작이다.

* 비폭력 대화는 우리 마음 안에 자리 잡고 있는 다양한 감정의 격동을 차분히 진정시키고 대화를 나누면 서로를 좀 더 깊이 있게 이해할 수 있는 대화 방법을 제안한다. 마셜 로젠버그(Marshall B. Rosenburg) 박사에 의해 고안된 방법이다. 비폭력 대화의 첫걸음은 바로 '관찰하기'이다.

Project ②
빛과 물이
만나다

얼렁뚱땅 미술 교실 회화 프로젝트의 두 번째 주제는 '빛과 물의 만남'이다. 빛과 물의 만남은 인상주의 화가들의 표현 방법을 차용했다. 눈으로 본 현상을 중요하게 생각하고, 그것을 본 자신의 느낌 역시 중요한 포인트로 생각해 표현하는 것이다. 이러한 미술 활동은 잘 그린 그림에 대한 생각을 달리할 수 있도록 도와준다.

자연의 아름다움을 담은 인상주의

얼렁뚱땅 미술 교실의 회화 프로젝트를 본격적으로 시작하기에 앞서 인상주의의 탄생 배경과 인상주의 화가들의 표현 방법에 대해 잠깐 이야기해 보자.

그림은 인류의 역사와 함께 태어나고 발전해 왔다. 그리스 로마 시대에는 회화뿐만 아니라 조각과 건축에서 많은 발전을 이루었다. 그러나 중세로 들어오면서 인간의 감정보다는 신성(神聖)이 강조되어 표현 자체의 다양함이 퇴보하였다. 그러다 14세기 이후 르네상스의 영향으로 레오나르도 다빈치, 미켈란젤로, 라파엘로와 같은 천재 화가들이 등장해서 인간의 자유로운 감정을 표현하기 시작했다. 그러나 르네상스 시절까지만 하더라도 표현 형식에 있어서는 아직 신으로부터 완전한 독립을 이루지 못했기 때문에 신의 형상이나 성경, 신화의 내용을 빗대어 표현했다. 그러다 인상주의 화가들이 등장하면서 일대 혁신이 일어난다.

자연의 아름다움을 화폭에 표현하려는 시도가 일어난 것이다. 이건 혁명적인 변화였다. 신을 통하지 않고 아름다움을 찾는다는 것은 신의 속박을 거부하는 것이었기 때문이다. 마네, 모네, 르누아르, 고흐, 고갱, 드가, 세잔, 쇠라 등 무수히 많은 인상주의 화가들은 각각 자기의 눈으로 본 세상을 표현하기 시작했다.

이렇듯 아름다움의 기준을 인간의 시선에 두었다면 걸리는 것이 하나 있다. 바로 빛이다. 빛이 있어 세상의 모든 색이 존재하나 빛은 시시각각 변한다. 빛이 변하기 때문에 사물의 색도 변한다. 그리고 그 빛과 물이 만날 때는 더 많이 변하면서도 형용할 수 없는 아름다움도 함께 존재한다.

물에 비친 풍경을 그린 대표적인 화가인 모네는 연못의 수련을

<Water Lilies(The Clouds)>, 오랑주리미술관

그리는 데 엄청난 노력을 기울였다. 그만큼 표현하기 어려우면서도 매력적인 요소였기 때문이다.

색이 변하면서 모양도 변하기 때문에 화가들마다 다양한 표현

방식을 창조하기 시작했다. 인상주의 화가들은 누구보다 창조적인 색을 만들어 자신의 눈으로 본 풍경을 표현하고 싶어 했고, 시시각각 변하지만 가장 아름답게 보이는 어느 한 장면을 잡아 화폭에 담고 싶어 했다.

물에 비친 모습은 표현하기 어렵다

애니메이션 영화에서 가장 나타내기 어려운 것이 물에 비친 모습을 표현하는 것이다. 이게 왜 어렵냐면, 일단 물은 흔들린다. 흔들리는 물에 비치는 모습은 계속 변한다. 실사로 찍는 영화라면 그 흔들리는 모습을 초당 24컷 이상의 사진으로 계속 찍으면 되지만, 애니메이션은 초당 24장의 조금씩이지만 서로 다른 그림을 그려야 한다.

이것만으로도 어려운데 물방울이 튀기는 장면이라면 더 어렵다.

물에 비친 모습을 표현하거나 물 자체를 표현한다고 할 때 눈에 보이는 그대로 표현하기는 매우 어렵다. 거기다 그림을 그릴 때 쓰는 색깔은 실제 상황을 표현하기엔 부족하다.

물과 빛이 만날 때 어떤 느낌이 나는지 그려 보라고 했을 때 아이들은 정말 난감해 한다. 어렵다는 것은 미리 이야기해 준다. 눈에 보이는 대로 그리는 것이 쉽지 않고, 그건 불가능하다는 것도 알려 준다. 아이들은 얼렁뚱땅 미술 교실 중 가장 황당한 순간에 봉착했다.

'뭘 표현해야 하지?'

'어떻게 표현해야 하지?'

나는 많은 도화지와 실패한 도화지를 버릴 수 있는 상자를 준비해 둔다. 소극적인 아이나 자신감이 부족한 아이일수록 도화지 사용이 늘어난다. 어떤 때는 한 줄 그리고 버리고, 어떤 때는 스케치를 하다 말고 버리기도 한다. 선뜻 시작하지 못하고 도화지만 뚫어지게 바라보고 있는 아이도 있다.

"광려천에서 찍은 사진을 봐도 좋아요!"

평소 그림을 잘 그린다고 생각하던 아이나 그림에 소질이 없다고 생각하던 아이나 모두 어찌할 줄을 모른다. 그러나 그중에서 몇몇은 새로운 시도를 시작한다. 스케치를 하지 않고 우선 붓 가는 대로 표현해 본다. 큰 붓과 작은 붓이 어떻게 다르게 표현되는지 본다.

같은 공간에서 활동했기 때문에 광려천의 풍경은 누구의 것도 아니다. 그래서 같은 대상을 그린 그림이 많이 나온다. 하지만 같은 대상을 그려도 느낌은 아이마다 다르다. 표현하는 방법이 다르기 때문이다.

얼렁뚱땅 미술 교실에서는 표현된 결과물이 아니라 표현 그 자체에 의미를 둔다. 익숙하지 않은 방법에 도전하는 데 의미를 둘 수 있다. 교사는 그저 아이들이 도전 정신을 잃지 않도록 도울 뿐이다.

"어떻게 그런 표현법을 생각해 낸 거야?"

"좀 더 크게 그려 보는 건 어때?"

"선생님은 좀 더 세밀한 모습이 궁금해지네."

"괜찮아, 다시 시작하면 되니까."

물에 비친 나무의 모습을 그렸다. 가르쳐 주지 않아도 찾아내는 능력이 탁월하다. 실제의 모습과 유사하게 그리려는 것이 아이들의 심리인데, 생략할 것과 강조할 것을 찾아내는 능력이 뛰어나다.

바위 옆에 있는, 물속에 비친 수초(水草)의 모습을 그렸다. 간단한
표현으로 대상에 대한 확실한 포인트를 주었다. 역시 생략할 것과
강조할 것에 대한 집중이 확실하게 이루어졌다.

광려천과 그 주변의 들판을 그렸다. 아이가 선택한 색은 좀 남다르다. 봄빛이 주는 느낌과 가을빛의 느낌은 다른데, 봄빛은 밝고 따뜻하다면 가을빛은 시리다고 해야 할까? 같은 파랑색을 써도 따뜻함과 차가움의 차이를 느낄 수 있다. 오른쪽에 작은 꽃을 포인트로 주고, 격자 모양으로 빛의 변화를 표현한 것이 인상적이다.

아이는 시선을 넓혀서 풍경과 하천의 모습을 그리려 했다. 더 구체적으로 자세히 그리는 것은 어려워하는 아이지만, 매화꽃 사이로 비친 풍경을 잡은 구도(프레임)는 탁월하다. 세밀한 표현은 부족하지만 본능적으로 좋은 구도를 잡아 낸 것은 훌륭하다.

이 아이는 물속의 수초를 표현했다. 바로 아래의 사진을 표현하려고 한 것 같다. 뭔가 흐트러져 있으면서도 몽환적인 분위기를 구겨진 종이의 질감과 함께 표현했다.

　이 아이는 6학년이 될 때까지 미술을 좋아하지 않았다. 그림을 잘 그리지 못한다고 생각해서다. 스스로 그림에 소질이 없다고 생각하는 아이들의 생각을 바꿀 수 있게 해 주는 작품이라 매년 아이들에게 보여 주는 작품이다.

더 많은 작품 보기

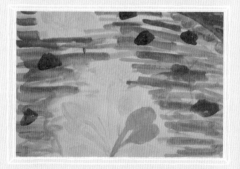

Project 3

빛의 질감을
느끼다

세 번째 프로젝트는 '빛의 질감'이다. 질감이란 눈으로 만지는 표면의 느낌이라고 할 수 있다. 우리가 눈으로 보는 사물은 빛의 강약에 따라 그 질감이 달라진다. 손으로 만지는 것을 대신해서 눈으로 질감의 변화를 느껴 보는 것이 이번 프로젝트의 주제이다.

다음의 사진을 통해서 빛이 달라졌을 때의 질감 차이를 비교해 보자.

우연하게 촬영된 것인데, 여러 설명보다 이 사진을 보여 주면 아이들에게 질감의 차이를 훨씬 빨리 이해시킬 수 있었다.

그럼 이번에는 뉴욕 현대미술관에 전시된 잭슨 폴록의 작품을 보면서 나름대로 터득한 관찰법을 응용해 보도록 하겠다.

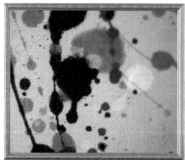

〈하나 : No. 31〉, 뉴욕 현대미술관

실제 이 작품은 칠판 두 배 이상의 크기이다. 당연히 멀리서 보게 된다. 그런데 작품에 시선을 고정시킨 채 앞으로 천천히 다가가며 그림을 보았다. 그러면 옆의 모습처럼 보인다.* 멀리서 본 느낌과 가까이에서 본 느낌이 차이가 나지만, 그림의 아주 작은 조각을 떼어 내도 느낌은 비슷하게 전해진다.

그래서 광려천 주변에서 이 방법을 응용해 관찰하도록 했다. 얼렁뚱땅 미술 교실에서 자주 등장하는 광려천은 산과 개천이 함께 어우

* 사진기의 최소 초점 거리 때문에 촬영된 이미지를 최대한 확대하였으나 실제 눈으로 보면 더 가까이에서 관찰할 수 있다.

얼렁뚱땅 미술 교실

러진 자연학습장이자 미술 교실이다. 자연을 만나기 어려운 도시에서는 어떻게 할 수 있을까? 질감은 어디에나 존재한다. 도시에서도 모든 대상이 수업의 소재가 될 수 있다.

위 사진은 저녁이 되어 갈 무렵의 보도블록이다. 이 사진의 일부분을 확대하면 보다 질감이 느껴진다.

우리 주변에는 이렇게 질감을 느낄 수 있는 소재가 많다. 익숙한 곳이라도 세밀히 관찰하면 평소에 보지 못한 모습을 찾을 수 있다. 심미안은 별것이 아니다. 평소 잘 보지 않는 방법으로 보는 것이다.

익숙하지 않은 방식으로 대상을 관찰하는 것이다. 이를 '낯설게 보기'라고도 하는데, 시와 소설 같은 문학 작품을 창작할 때, 혹은 심리학에서 실험을 설계할 때 많이 활용하기도 한다.

과학 시간에 빛이 사물에 반사되어 색깔이 나타난다는 것을 배운다. 흰색은 모든 빛을 반사하고, 검은색은 모든 빛을 흡수해서 나타나며, 파랑색으로 보이는 것은 모든 빛을 흡수하고 파랑색만 반사하기 때문이란 것을 배운다. 그런데 실제 자연에서 빛이 어떻게 비춰지느냐에 따라, 또는 얼마나 가까이 혹은 멀리서 보느냐에 따라 같은 사물도 그 느낌이 달라지는 것을 먼저 느끼고 경험하게 해 주면 이어지는 프로젝트 활동이 훨씬 수월해진다.

 질감을 표현하기 위한 활동 제안 ① : 사포에 그림 그리기

검은색 바탕에 굵은 입자를 가지고 있는 사포 위에 크레파스로 그림을 그리면 매우 거친 입자들로 그림이 그려진다. 왼쪽 그림은 고흐의 〈별이 빛나는 밤〉이라는 작품을 따라 그린 사포 그림이다. 이렇게 사포에 따라 그리면 원작이 가진 거친 입자의 질감은 물론이고, 분명한 선까지 잘 표현되어 부담 없이 그릴 수 있다. 가깝게 혹은 멀리서 보면 그림이 어떻게 다르게 느껴지는지 직접 살펴볼 수 있는 좋은 기회이다.

질감을 표현하기 위한 활동 제안 ② : 학교 화단 관찰하기

어느 학교든 화단이 조성되어 있다. 아래의 사진처럼 액자 모양으로 두꺼운 종이를 오려서 자연 속에서 보이는 풍경을 하나의 작품으로 만든다. 가까이 볼 때와 멀리 볼 때의 질감 차이뿐만 아니라 우리 일상이 작품의 대상이 될 수 있음을 깨달을 수 있어서 관찰하고자 하는 동기를 향상시킨다.

🎨 표현의 실제

다양한 사전 활동을 했음에도 아이들은 막상 질감을 표현하려고 붓을 들면 막막해진다. 머리보다는 눈으로 보고 가슴으로 느꼈던 장면을 떠올리고 크게 그리게 한다. 작게 그려서는 질감을 표현하기 어렵다.

질감을 제대로 표현하기 위해서는 특히 물감이 중요하다. 전문가용 고급 물감을 쓰라는 것이 아니라 팔레트를 최대한 깨끗이 해서 새 물감을 짜고, 물통을 자주 비워 될 수 있으면 깨끗한 물로 물감을 갤 수 있도록 한다. 물감을 매번 짜기 어려워 팔레트 칸칸마다 물감을 짜 놓고 쓰는 아이들이 많은데, 물감이 오래되면 색이 갖고 있는 느낌을 살리기 어렵다. 색을 섞고 싶으면 막 짜낸 물감으로 섞는 것이 좋다. 그래야 최대한 맑은 색감을 볼 수 있다.

얼렁뚱땅 미술 교실

본인 작품평   저는 원래 앞에 있는 꽃의 화사함과 따뜻함을 그리려고 했습니다. 뒤에 있는 풀들은 중요하지 않게 생각해 작게 그렸고, 최대한 앞에 있는 꽃을 중심으로 그렸습니다.

이 그림을 보고 감탄했다. 평범한 것처럼 보이지만 절대 평범하지 않다. 실물은 위의 그림처럼 보이지 않기 때문이다. 한 화면에 두 개의 시선이 들어왔다. 하나는 앞의 꽃에 있고, 또 하나는 뒤의 풀밭에 있다. 질감에 대한 표현은 뒤에 있는 것을 약간 뭉개면서 앞을 강조했다. 강조하라고 하면 진하게만 칠해야 하는 줄 아는데 탁색을 이용해서 적절히 포인트를 주었다.

본인 작품평　　저는 빨간 꽃을 중심으로 하였습니다. 원래는 돌의 매끄러움과 거친 것도 표현하려 했는데, 어쩌다 보니 빨간 꽃이 중심이 되어 최대한 꽃을 강조하였습니다.

의도대로 꽃에 시선이 확 간다. 학교 옆 담벼락에 있는 연산홍을 표현한 것 같다. 꽃을 표현한 빨간색의 질감은 다른 아이들의 그림보다 더 선명하고 붉게 느껴진다. 자신만의 붉은색을 창조한 것이다. 누구도 가지지 못하는 붉은빛을 가졌다.

본인 작품평 저희 동네를 가다 보면 하얀색 꽃이 핀 나무들이 많습니다. 저는 그 질감이 푹신푹신하게 느껴졌습니다. 그래서 잎이 많고 꽃이 한 뭉치인 것처럼 표현하여 구름처럼 표현하려고 했습니다.

이 작품은 클로드 모네의 〈수련〉을 보는 느낌을 준다. 원 안에 수련을 넣어 그렸듯이 모서리를 생략해 중앙에 화면을 배치하고 집중시켰다. 꽃을 구름처럼 표현한 발상도 참신하다. 평소 그림을 잘 그려야 한다고 생각하던 아이라 그림 그릴 땐 좀 망가져도 된다고 이야기해 주었다. 그 의미를 잘 받아들인 것 같아 보기 좋다.

본인 작품평　광려천에 핀 민들레 씨앗을 그려 보려고 했습니다. 그냥 솜털처럼 보였는데 자세히 보니 작은 씨앗이 달려 있었습니다. 하늘로 날아가는 씨앗은 상상을 조금 섞었습니다.

민들레의 모습을 보고 그렸다. 어느 누구도 민들레의 모습을 담지 않았는데 이 아이의 눈에는 민들레가 들어왔던 것 같다. 그걸 유심히 지켜본 아이의 안목에 큰 박수를 보낸다.

본인 작품평　저는 선생님께서 보라고 하셨던 풀을 그렸습니다. 원래는 멀리 있는 것은 부드럽게, 가까이 있는 것은 거칠게 표현하려고 했는데 그게 잘 안 된 것 같아요.

일단 두 가지를 이야기하고 싶다. 첫째는 붓 터치가 완전히 자유롭다. 두 번째는 녹색 사이로 보이는 밝은 노란색이 인상적이다. 단조로우면서도 운동감이 느껴지고, 화사함과 생동감이 함께 존재한다. 자신만의 아름다움을 자신 있게 표현한 것이 좋았다.

본인 작품평   저는 나뭇가지를 아래에서 올려다본 모습을 그렸습니다.
흰색과 분홍색으로 봄기운이 도는 꽃도 그렸고, 나무 뒤로 보이는 맑은
하늘을 둥글게 터치해서 그렸습니다. 너무 많은 것을 그림 속에 넣지 않
고 가까이에서 본 빛의 질감을 표현했습니다.

이 아이에게는 좋은 그림과 나쁜 그림에 대한 틀이 있었다. 그래서
표현에 자유롭지 못했다. 그런데 이번에는 그 틀을 깨고 자신의 느
낌과 감정을 잘 드러냈다. 이전의 그림을 보면 아이의 시선이 얼마
나 달라졌는지 알 수 있다.

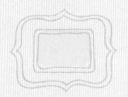

본인 작품평 저는 작품의 중심에 큰 노란 꽃과 꿀을 찾는 나비를 그렸습니다. 시간이 좀 오래 걸렸습니다. 저의 정성을 담았습니다.

이 아이는 평소 미술 학원을 다녀 표현 기법은 뛰어났다. 하지만 아름다움을 보는 시각을 새로이 할 필요가 있는 아이였다. 매번 연습한 구도나 익숙한 구도를 사용했기 때문이다. 생각이 고정되면 새로운 것에 대한 탐구를 하기가 어렵다. 그래서 이 아이에게는 새로운 아름다움을 찾는 것에 더 집중하도록 주문했다.

더 많은 작품 보기

빛의 밝음과 어두움의 차이를 느끼다

색의 세 가지 속성은 색상, 채도, 명도이다. 색상(Hue)은 빨강, 노랑, 파랑과 같이 색을 구별하는 특성이다. 채도(Chroma)는 색의 양을 말한다. 즉 물감에 물을 섞었을 때 나타나는 정도를 나타낸다. 명도(Value)는 밝고 어두운 정도를 말한다.

색상환이나 명도와 채도를 나타내는 표가 있지만 그림을 그릴 때 색깔 선택과 물의 양 조절, 그리고 밝고 어두운 정도를 수학 공식처럼 정확하게 구분하여 표현하기는 어렵다. 우리가 색을 구별할 때도 색상, 채도, 명도로 나누어 이야기하지 않고 그냥 눈으로 보고 느끼지 않는가. 이 사실에 주목해 볼 필요가 있다.

얼렁뚱땅 미술 교실의 네 번째 회화 프로젝트는 빛이 주는 다양한 변화를 한 번에 느낄 수 있는 경험을 하는 중요한 시간이다. 색의 세 가지 속성 중 명도, 즉 밝음과 어두움의 차이를 기준으로 그림을 그려 보는 시간을 가진다.

그렇다면 왜 밝음과 어두움일까?

아이들은 수채화를 시작하면 채도의 변화는 직접 경험하고 느낄 수 있다. 어렵지 않다. 물을 적게 혹은 많이 섞었을 때 붓 끝에서 표현되는 것을 보면 알 수 있다. 색상 역시 마찬가지다. 이미 십여 개 이상의 색깔이 개별 포장된 튜브에 담겨 있다. 팔레트에 짜내기 만 해도 색상의 차이는 바로 확인할 수 있다.

그런데 명도는 조금 다르게 경험한다. 명도는 밝음과 어두움에 가 장 근접한 색의 속성이지만, 색에 대해 민감하지 않은 아이들에게 는 색상이나 채도와는 달리 익숙하지 않고, 그 차이도 간단하게 구 별하지 못한다.

가장 명도가 높은 것은 흰색이고, 가장 낮은 것은 검은색이다. 어 떤 색이라도 명도가 높으면 흰색 가까이로 수렴되고, 어두우면 검 은색 가까이로 수렴된다. 결국 명도가 높은 색과 낮은 색은 흰색과 검은색을 섞었을 때 나온다.

밝음과 어두움을 나타내는 것은 직접적으로는 명도지만 색상과 채도와도 관계가 있다. 밝아지거나 어두워지는 것에 따라 색상과 채도도 함께 변하기 때문이다.

밝아질 때 화사함을 찾고, 어두워질 때 선명함을 찾는다

해가 뜨고 지는 상황을 떠올려 보자. 해가 막 뜨기 직전이 가장 어둡다. 해가 떠오르고 난 후 정오가 되면 가장 밝은 세상이 되었다가 해가 지면 빛이 사라진다. 해가 지면서 빛이 줄어드는데, 빛이 줄어들면서 어두워지고 어둠은 색깔로 보인다.

그런데 빛이 밝아질 때와 빛이 어두워질 때의 느낌이 다르다. 밝아질 때는 화사한데 어느 지점이 지나면 화사함은 사라진다. 어두워질 때는 화사함이 시들어 가는데 어느 순간 선명함이 나타났다 더 어두워지면서 사라진다.

이것을 관찰하기 위해서는 하루 종일 야외에 있어야 한다. 아니면 아주 짙은 구름과 강한 태양이 있는 날이 필요하다. 하지만 둘 다 쉽지 않아 카메라를 이용해 연출해 보기로 했다. 카메라는 셔터 속도를 조절할 수 있어 인위적으로 빛을 조절할 수 있다.

첫 번째 사진은 학교 출입문에서 바라본 산의 모습이다.

얼렁뚱땅 미술 교실

두 번째 사진은 복도에 화분 하나를 가져다 두고 빛을 조절해서 찍은 것이다.

얼렁뚱땅 미술 교실

얼렁뚱땅 미술 교실

빛이 주는 다양한 변화를 우리 눈은 자연스럽게 느끼고 해석한다. 새벽녘 동틀 때의 동쪽 하늘을 보면 어느 순간 서서히 밝아지는 것을 느낀다. 빛의 양도 한낮의 태양빛과 저녁 무렵의 빛이 다르다. 그 미세한 차이를 카메라와 렌즈로 찍는다면 시간대별로 한 장씩 찍어서 보아야 그 변화를 느낄 수 있다.

많은 사람들이 카메라와 렌즈가 인간의 눈보다 기능적으로 더 뛰어나다고 생각하는데, 이는 사진이 포착한 순간에 대한 감탄에 길들여져 있기 때문이다. 우리 눈은 빛, 거리 등에 매우 즉각적으로 반응하여 최대한 빠른 속도로 시각 정보를 제공해 준다. 그리고 빛의 양이 변화하는 장면을 하나하나 다 인식하지 못할 정도로 빨리 적응한다. 반면 카메라와 렌즈는 적정 노출값을 계산하지 않고 셔터를 눌렀다가는 사진이 엉망이 된다.

결국 실제의 아름다움을 가장 잘 받아들이는 것은 인간의 눈이라고 할 수 있다. 인간의 눈은 그 성능이 매우 뛰어나서 순간적으로 빠르게 조절한다. 얼렁뚱땅 미술 교실에서는 오히려 인간의 눈이 가진 뛰어난 효율성을 좀 낮출 필요가 있다. 그것이 '천천히 바라보고 자세히 관찰하기'이다. 세상을 보다 아름답게 바라볼 수 있는 선물 같은 시각을 얻게 된다.

🎨 표현의 실제

질감을 표현할 때와 마찬가지로 밝음과 어두움을 표현할 때도 빛은 중요한 역할을 한다. 질감은 크지만 한정된 대상을 표현한다면, 밝음과 어두움은 전체적인 모습을 표현한다. 질감이 꽃잎 한 장, 꽃 한 송이와 풀잎, 나뭇가지, 바윗돌 등을 표현한다면, 밝음과 어두움은 전체적인 풍경이 밝아 화사할 때와 어두워 선명할 때를 구분하여 그리는 것이다.

어려워하는 아이들에게는 질감을 표현한 것을 다시 화사할 때와 선명할 때로 나누어 그리게 해도 된다. 이번에는 화면을 둘로 나누거나 아예 다른 두 개의 그림을 그리게 한다. 빛이 변하여 밝음과 어두움이 생긴다 해도 대상 자체는 변하지 않기 때문이다. 그림의 소재는 앞 시간과 마찬가지로 가장 아름답다고 생각하는 것이나 인상적인 장면을 표현하게 한다.

저학년 아이들에게는 색상, 채도, 명도 등에 대한 이야기를 따로 하지 않는다. 빛의 밝음과 어두움에 따라 눈으로 보여지는 모습이 어떻게 다른지 눈으로 보고 경험케 하면 이해한다. 때로는 미리 찍어 둔 사진을 보여 주는 방법도 있다. 같은 대상에 대해 화사함과 선명함을 찾아보는 연습을 한 후 그림으로 표현한다.

얼렁뚱땅 미술 교실

꽃 사이에 벌이 날아다니는 장면을 그렸다. 화사함과 선명함이 동시에 나타나고 있다. 남자아이의 작품인데 자신의 그림에 대한 설명을 하면서 수줍지만 행복해 했다.

4층 교실에서 아래 화단을 내려다보고 그린 그림이다. 왼쪽은 화사하게 오른쪽은 선명하게 그렸다. 안정적인 구도를 가진 이 작품은 실제로는 왜곡에 가깝다. 화단의 모습은 직사각형인데, 그림에서는 사다리꼴로 표현했다. 하지만 실제 모습대로 직사각형으로 그렸다면 오히려 어색했을 것이다. 이걸 지도하는 방법은 따로 없다.

"눈에 보이는 대로 그려 봐!"

아이는 눈에 보이는 대로 그려 냈다.

광려천의 어느 한 장면을 빛의 밝음과 어두움으로 표현했다. 첫 작품은 물결을 표현하기 위해 중점을 두었고, 두 번째 작품은 수초를 표현했다. 물결을 표현할 땐 채도를 조절해서 적절한 붓 터치도 주었다. 바위를 주목해서 보면 다른 색으로 표현된 것을 볼 수 있다. 색이 달라도 밝음과 어두움을 표현하는 데 지장은 없다. 좀 더 진하게, 좀 더 연하게 표현하다 보면 화사하고 선명한 지점을 찾게 된다.

본인 작품평 광려천으로 산책을 나갔을 때 길을 걷는 친구의 모습을 기억하고 그렸습니다. 같은 장면을 다르게 표현할 수 있을까 싶었는데 그리다 보니 되더라고요. 형태도 비슷하고 모양도 비슷하지만 색깔의 밝고 어두움에 따라 그림이 달라 보입니다.

하나는 낮의 모습이고, 또 하나는 밤의 모습인 듯 보인다. 화사함과 선명함을 넘어 보다 다른 경계를 보여 주는 듯한 느낌이다. 두 그림을 각각 보면 그저 그런 그림처럼 보이지만, 빛의 밝음과 어두움이란 주제를 놓고 보면 이렇게 잘 표현한 작품이 또 있을까 싶다.
　명작은 설명을 하지 않아도 알 수 있고, 수작은 설명을 들으면 좋은 작품임을 깨닫게 된다. 아이의 설명을 듣고 보니 작품의 의미가 더 깊이 다가온다.

더 많은 작품 보기

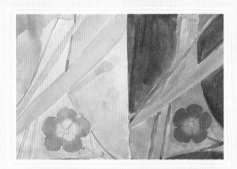

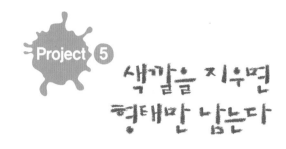

Project 5

색깔을 지우면
형태만 남는다

정물이든 풍경이든 형태와 색깔이 있다. 움직임이 표현된다면 동세도 들어간다. 시선에 따라 소실점도 보일 수 있다. 그중에서 가장 중요한 것 두 가지를 꼽는다면 형태와 색깔이다.

그렇다면 아이들은 형태와 색깔 중 어느 것이 더 표현하기 쉬울까? 형태이다. 물론 색깔에 더 민감한 아이들도 있겠지만, 크레파스에서 물감으로 넘어오는 시기가 되면 색을 표현하는 것에 어려움을 겪는 아이들이 더 많다.

그러나 형태는 다르다. 아이들은 누가 시키지 않아도 낙서를 즐겨 하는데, 낙서는 색깔을 빼고 형태만 표현하는 활동이다. 그걸 그림에 적용시켜 보자. 그래서 다섯 번째 프로젝트는 '빛의 집중'이라고 말한다.

얼렁뚱땅 미술 교실

빛은 눈에 보이지 않는다. 그러나 색깔은 눈에 보인다. 색은 물체의 표면에 반사된 빛이 눈에 보이는 현상이다. 앞서 우리는 빛은 시시각각 바뀐다는 사실을 체험활동을 통해 알았다. 하지만 인간의 눈은 빛을 아주 정밀하게 포착하기엔 부족하다. 특히 사진의 등장은 풍경을 정확하게 표현하려 했던 인상주의 화가들에게 좌절감(?)을 안겨 주었고, 이때까지 아름답다고 생각했던 미의 관점을 바꾸어야 했다. 화가들은 획기적인 시선의 변화를 시도했다. 똑같이 그려야 한다는, 사실적으로 그려야 한다는 굴레에서 벗어나 표현 방법, 소재, 재료 등에 있어서 새로운 지평을 열었다.

화각을 생각하다

화각이란 사진을 찍을 때 렌즈를 통해 보여지는 화면의 크기를 말한다. 화각이 넓으면 넓게 세상을 볼 수 있고, 좁으면 좁게 세상을 본다. 그런데 화각과 상관없이 세상은 존재한다. 카메라는 렌즈의 특성상 화각이 정해지지만 우리의 눈은 화각을 정할 필요가 없을 만큼 넓고 좁은 세상을 자유롭게 볼 수 있다.

그런데 왜 화각이 필요할까?

눈으로 다 볼 수 있다고 해서 다 표현할 수 있는 것은 아니다. 특히 그림을 그리기 위해선 어느 정도 아름다운 장면을 포착하는 능력이 필요하다. 거기다 장면 안에서도 불필요한 요소는 제거할 필요도 있다. 의도적으로 없애고 거기다 새로운 것을 추가하여 본질을 바꿔 버리는 것은 왜곡이지만, 때로는 덜어 내야 진정 아름다운 장면을 부각시킬 수 있다.

빛을 집중시킨다는 것은 색만 지우는 것이 아니라 불필요한 요소도 지워 낸다는 의미이다. 지워 내는 이유는 간단하다. 아름답고 인상적인 것을 좀 더 세밀하고 자세하게 드러내기 위함이다.

 표현의 실제

얼렁뚱땅 미술 교실에서 표현하는 아름다운 형태에 대해서는 언제나 변함이 없다. 아이들이 자연에서 관찰한 아름다운 풍경 혹은 인상적인 장면을 표현한다. 자신이 본 아름다움에 자신감을 갖고 보다 자유롭게 표현하는 것이 이번 과제이다. 색의 요소를 제외시키려면 한 가지 개념을 더 가지고 있어야 한다.

빛이 나타내는 색은 물감으로 표현한다. 하지만 빛의 색과 물감의 색은 집중했을 때 달라진다. 빛의 색을 집중시키면 무색이 되지만, 물감의 색을 집중시키면 검은색이 된다. 무색은 표현하기 힘들지만, 물감으로 표현할 수 있는 가장 가까운 색은 흰색뿐이다. 빛의 색이 집중된 흰색과 물감의 색을 집중시킨 검은색, 이 두 가지 색만 가지고 표현하게 한다.

　색이라는 요소를 철저하게 배제시킨 상태에서 표현케 하는 것은 그리고자 하는 대상에 좀 더 집중하기 위함이다. 색은 쓰지 않는다고 하여도 물을 통한 농담의 조절은 할 수 있다. 그래서 기법에 대한 힌트를 사군자 그림에서 찾았다. 검은 먹만으로도 아름다움을 충분히 표현할 수 있다면 색을 쓰면 더욱 멋지게 표현할 수 있을 것이기 때문이다.

　물 이외에 흰색은 쓰게 했는데, 개별 색으로 쓸지 아니면 검은색에 개어서 함께 쓸지는 아이들이 각자 선택하도록 했다.

수묵의 기법으로 바꿔 표현할 수 있어요!

1. 먹의 사용법

① 적묵법 : 검은색, 어두운색을 먼저 쓰지 않고, 밝은색부터 차츰 쓰고 점차 어두운색을 사용하는 것이다. 수묵화에서 먹의 농담 (진하기)을 살려 순차적으로 쌓아 가듯 그리는 방법이다. 우선 기본 먹색을 칠한 후 그 먹이 마르면 좀 더 진한 먹을 입힌다. 이런 과정을 여러 번 반복하는 방법이다.

② 발묵법 : 번져 가는 먹색, 붓으로 먹물을 퍼지게 하여 대상을 표현하는 기법이다. 필선을 거의 쓰지 않아서 '유묵무필'이라고 불리기도 한다.

③ 파묵법 : 선으로 어느 단계까지 그린 다음 마르기 전에 더 짙거나 묽은 먹으로 덧칠하여 윤곽선을 없애는 방법으로, 깊이감을 나타내는 방법이다.

2. 붓의 사용법

① 구륵법 : 먹선으로 대상의 테두리를 그린 후 그 안에 먹이나 물감으로 채색하는 방법이다.

② 몰골법 : 구륵법과 달리 대상의 윤곽을 그리지 않고 먹이나 물감의 농담으로만 형태를 그리는 방법이다.

③ 백묘법 : 선으로만 표현하는 기법이다.

들판에 핀 꽃과 나무를 표현했다. 구도가 안정감이 느껴진다. 나무를 검은색으로 잡고 흰색을 섞어 가며 나뭇잎을 표현했다. 들판을 연하게 칠하고, 하늘을 좀 더 진하게 칠한 이유는 따로 없다. 보다 마음이 가는 쪽을 좀 더 진하게 칠한 것이다. 우연인지 연하게 칠한 들판에 핀 꽃은 상대적으로 매우 진하게 표현되어 있다. 전체적으로 왼쪽의 나무를 세심하게 표현한 것 같지만 중앙 하단에 있는 꽃에 더 눈이 간다.

나뭇가지는 '빛의 집중' 프로젝트에서 많이 보이는 소재이다. 아이들이 왜 나뭇가지를 주로 그리는지 그 이유는 알 수 없지만, 분명한 것은 집중해서 대상을 표현하려면 평소에 잘 보지 않는 것에 관심을 기울인다는 사실이다. 이 그림은 나뭇가지가 위로 뻗어 올라가는 모습을 그렸다. 나뭇가지는 원래 정지해 있다. 그러나 사선으로 올라가는 나뭇가지는 정지된 그림으로 표현해도 움직이는 듯한 느낌을 준다.

"상상의 고래를 표현했어요."

얼렁뚱땅 미술 교실에서는 자신이 본 장면을 가장 중요하게 생각한다. 그리고 '빛의 집중' 프로젝트에서는 더욱 구체적이고 자세하게 표현하는 것을 중요하게 생각한다. 상상의 고래를 표현했지만 검은색을 기준으로 흰색을 표현하는 방식을 잘 나타내고 있다. 물을 가르는 고래인지, 물속에서 나와 표면을 지나고 있는 고래인지는 그린 아이만 알고 있는 비밀이다.

꽃잎만 강조한 그림이다. 집중하기 위해 불필요한 것을 배제할 수
있다. 꽃에 집중하려고 잎과 줄기를 버렸다. 표현하기 귀찮아서 그
런 경우가 종종 있지만, 이 그림은 꽃의 수술과 암술 그리고 꽃잎의
결까지 표현하려 한 흔적이 보인다. 소실점으로 원근을 표현하지
않은 시절에는 크기로 표현했다. 작은 꽃잎과 큰 꽃잎은 소실점 없
이 원근을 나타내는 장치이다.

본인 작품평 학교에서 산에 갔을 때의 모습을 그렸습니다. 거리에 따라서 나무 크기를 다르게 했습니다. 나뭇잎은 찍어서 표현했습니다. 그리고 왼쪽에 있는 나무에 흰색으로 나타낸 것은 산에서 본 버섯입니다. 이 작품은 색다른 도전이었습니다. 지금까지와는 다른 방법을 시도할 수 있었습니다.

표현, 구도 모두 훌륭하다. 그림을 감상하면서 가장 좋은 것은 그린 이의 표현 방법이나 의도를 생각하기보다 그냥 그림이 주는 느낌에 빠져드는 때이다. 특히 풍경화는 그림이 보여 주는 장면 속에 함께하고 싶은 느낌이 들면 명작이다. 저 길을 따라 걷고 싶은 마음이 절로 생긴다.

월리엄 터너의 그림을 보는 듯한 느낌이다. 보통 해와 달은 자세히 그리지 않아도 화면을 채울 수 있고, 대충 그려도 못 그렸다는 생각이 안 들어 흔히 선택하는 대상이다. 평소 그림 그리기를 좋아하지 않고, 미술 시간에 한 번도 칭찬을 받은 일이 없었는데, 이 그림은 아이에게 큰 의미를 주었다.

한 가지 색깔만으로 대상을 표현하는 미술 활동은 누구나 처음 경험하는 것이기에 어렵지만, 잘 그린 그림은 정해진 것이 없다는 깨달음을 줄 수 있는 활동이다.

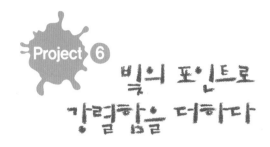

Project ⑥
빛의 포인트로
강렬함을 더하다

'빛의 집중' 프로젝트를 통해 색을 제거하고 화각을 조절한 자기만의 시각을 경험해 보았다. 화각을 조절하면서 특정 장면은 들어내고, 아름다운 장면은 더 집중해서 부각시킬 수도 있다. 그렇지만 뭔가 부족하다.

연극에서 사용하는 조명 기법 중 스포트라이트(spotlight)가 있다. 무대 위의 특정 부분을 비추는 핀포인트 조명을 뜻한다. 그런데 왜 핀포인트를 주어서 비출까? 특정 부분만 강조하기 위해서다.

그림에서는 무엇으로 강조할 수 있을까? 바로 색으로 강조할 수 있다. 이미 '빛의 집중' 프로젝트에서 색을 제거하고 형태만으로 표현하는 활동을 해 보았다. 거기다 딱 한 군데만 자신이 원하는 색을 입히는 것이다. 어디에 무슨 색을 쓸지는 아이들이 각자 결정한다.

"보다 강렬한 색이 더 나을 거야."

얼렁뚱땅 미술 교실

"보다 눈을 끌 수 있는 색을 선택해 봐."

아이들에게 강렬하고 이목을 집중할 수 있는 색을 권했다.

강렬한 원색의 두 가지 얼굴

아이들은 늘 뭔가를 드러내고 싶어 하는데, 특히 잘하는 것을 더 드러내고 싶어 한다. 하지만 한편으로는 드러내는 것을 두려워하기도 하는데, 바로 이 점에서 원색은 아이들의 마음을 대변한다. 뭔가를 드러내고 싶은데, 드러냈을 때 도드라져 어색하지 않을까 걱정하는 마음이 드는 것이 원색이다. 하지만 쓰려 하면 원색만큼 쓰기 쉬운 것이 없다. 다른 색과 섞어 갤 필요도 없고, 물 조절을 통해 농담(濃淡)의 변화를 줄 필요도 없다.

얼렁뚱땅 미술 교실의 다양한 활동을 통해 우리가 확실히 깨닫는 것은 잘 그린 그림은 따로 없다는 것이지 않은가. 내게 의미 있고, 내 마음에 들면 그것이 바로 가장 좋은 그림임을 잊지 말자.

원색은 화룡점정(畵龍點睛)

화룡점정은 용을 그리고 난 후에 마지막으로 눈동자를 그려 넣었더니 그 용이 실제 용이 되어 홀연히 구름을 타고 하늘로 날아 올라갔다는 고사에서 유래한 말로, 무슨 일을 하는 데에 가장 중요한 부분을 완성함을 비유적으로 이르는 말이다.

새로운 시각으로 세상의 아름다움을 찾고, 색을 지워 평소 잘 보지 못했던 형태를 명확히 해 보기도 하고, 내가 만든 화각을 통해 강조하고 싶은 것과 지워야 할 것까지 변화를 주며 나만의 새로운 세상을 도화지에 구현해 보았다.

그렇다면 이제 화룡점정을 찍어 보자. 무엇을 가장 의미 있게 여길 것인가, 내 그림을 보는 사람들이 무엇을 눈여겨보길 바라는가, 즉 내가 창조한 세상에서 무엇을 가장 빛나게 표현할 것인가에 대한 정의를 원색으로 표현해 보는 것이다.

하지만 특정 대상만 강조한 원색을 쓴다는 것은 사실 쉽지 않다. 원색이 워낙 강렬하다 보니 자신의 선택에 대한 확신과 자신감이 동반되어야 표현할 수 있기 때문이다. 또 자신의 그림에서 인상 깊은 부분을 강조하여 표현한다는 것은 스토리텔링도 가능하다는 뜻이다. 즉 미술 활동으로만 끝내지 않고 이와 관련되어 자신의 생각이나 의도를 표현하고, 이를 이야기로 이끌어 나갈 수 있는 좋은 기회가 된다.

"닭의 벼슬이 붉은데, 눈에 띄게 그린 이유는 뭘까?"

"무당벌레가 선명하게 보였는데, 이 무당벌레는 무엇을 하고 있던 중일까?"

"꽃에 색을 줄 수도 있었는데, 나비가 더 눈에 띄었구나?"

아이들이 보여 준 원색 표현은 그림 그리기로만 끝내지 말고 그 의도를 물어보자. 단순한 작품 감상에서 대화를 확장하여 아이가 자신의 작품에 스토리텔링을 더할 수 있도록 이끈다. 미술 활동의 표현에서 멈추지 않고 자신이 그림을 통해 말하고자 하는 것, 인상 깊게 본 이유 등을 설명하는 과정은 아이들의 자기 이해, 자아 정체감 형성에도 많은 도움이 된다.

표현의 실제

'빛의 포인트' 프로젝트는 '빛의 집중' 프로젝트의 연장선상에 있는 활동이다. 그러기에 전 차시에 했던 그림의 형태를 다시 그려도 된다. 그러나 조금씩 얼렁뚱땅 미술 교실에 익숙해진 아이들은 대부분 새로운 영역에 도전한다. 같은 장면을 다시 그리더라도 더 나은 구도와 표현 기법으로 접근하려 한다.

'빛의 집중' 프로젝트는 검은색을 주로 하고 흰색으로 약간의 변화를 주는 형태라면, '빛의 포인트' 프로젝트는 원색이 주는 강렬함을 더 강조할 필요가 있기에 흰색 사용 여부는 자율에 맡긴다. 즉 기존의 방식대로 검은색과 흰색을 적절히 사용한 후 원색으로 포인트를 주는 방법이 있고, 검은색과 물만으로 농담의 변화만 준 후에 원색으로 포인트를 주는 방법 중 하나를 선택한다.

'빛의 집중' 프로젝트와 '빛의 포인트' 프로젝트는 약간의 변화만 준 활동이라고 여기기 쉽지만, 실제 해 보면 아이들은 '빛의 포인트' 프로젝트를 더 어려워한다.

원색을 사용할 땐 물을 거의 사용하지 않거나 물을 사용하더라도 조금만 사용한다. 더 강렬한 색깔이 필요하면 아예 포스트칼라의 원색을 쓰는 것도 막지 않는다.

"나뭇가지에 달린 것이 포도니?"

"머루예요."

아빠와 등산 갔다가 머루를 처음 보았던 인상적인 순간을 그림으로 남겼다. 저 그림이 포도인지 머루인지가 중요한 것이 아니라 어디에 포인트를 두었느냐가 더 중요하다. 사선으로 내려오는 나뭇가지와 달려 있는 머루의 균형이 의외로 잘 어울린다.

닭을 그린 그림인데, 유독 벼슬이 붉게 표현되어 있다. 닭의 형태는 선을 이용해서 표현했다. 꽁지는 검은색과 붉은색을 교차로 그려서 더 풍성하게 표현했다. 무엇보다 벼슬의 붉은색이 눈에 띈다. 닭의 눈과 벼슬 두 군데에 붉은색을 썼지만 벼슬이 훨씬 더 강렬하게 느껴진다.

나비가 꽃을 찾는 모습을 표현했다. 나비에 포인트를 줄 것인가, 꽃에 포인트를 줄 것인가 고민한 아이는 나비에 포인트를 주었다. 나비의 색이 파란색인 이유는 따로 없다. 파란색이 가장 강렬할 것 같아 선택했단다. 꽃의 키를 다르게 해서 자연스럽게 변화를 주었고, 제일 왼쪽의 꽃과 나비의 위치가 묘하게 균형을 이루고 있다.

떠오르는 해(혹은 떨어지는 해)는 '빛의 집중' 프로젝트는 물론이고 '빛의 포인트' 프로젝트에서도 많이 등장한다. 해나 달은 표현하기 쉽고 강렬하기 때문이다. 그러나 표현하기 쉽다고 누구나 잘 표현 하는 것은 아니다. 보통은 해만 붉게 칠하는데, 아이는 해와 물이 만나는 지점까지 붉은색으로 잘 표현했다. 자세히 보면 붉은색과 검은색의 채도 차이가 크지 않지만 해의 크기와 위치로 충분히 강조 되고 있다.

본인 작품평　광려천에서 나뭇잎에 앉아 있는 무당벌레를 봤습니다. 잎사귀에 있던 무당벌레는 무엇보다 선명했습니다. 그래서 무당벌레에 포인트를 주고 표현했습니다.

잎을 그릴 때 농담을 주어 색칠한 것이 인상적이다. 물을 적당히 섞어야 밝음과 어두움을 표현할 수 있는데, 아이는 다른 종이에 여러 번 연습하며 채도를 조절하는 방식을 익힌 후 그렸다. 무당벌레의 머리에 있는 검은색과 잎사귀 끝에 있는 검은색의 채도가 구분되지 않아도 몸통의 붉은색으로 대조는 더 크게 일어난다. 몸통에 있는 검은 점은 붉은색 안에서 또 다른 포인트가 된다. 무당벌레가 있는 잎사귀를 근접 촬영해서 찍은 듯한 인상적인 장면이다.

더 많은 작품 보기

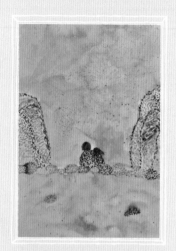

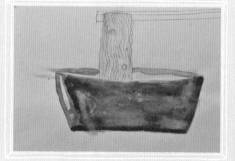

160

빛을 쪼개면서 얻는 새로운 발견

 빛을 쪼개 표현하는 점묘법

다음의 두 그림은 조르주 쇠라*가 점묘법으로 그린 그림이다. 물감을 섞지 않고 하나하나 점으로 찍어서 표현했다. 왜 그랬을까?

인상주의 화가들은 빛과 함께 시시각각으로 움직이는 색채의 변화 속에서 자연을 묘사하고, 색채나 색조의 순간적 효과를 이용하여 눈에 보이는 세계를 정확하고 객관적으로 기록하려 하였다. 그래서 물감을 섞고, 붓 터치를 달리하며 자신만의 표현법을 찾기는 했지만 눈에 보이는 대로 정확하게 표현하는 것은 숙제로 남았다.

* 신인상주의 미술을 대표하는 프랑스 화가이다. 신인상주의는 빛의 분석은 인상주의의 수법을 계승하면서도 인상주의의 본능적·직감적인 제작 태도가 빛에만 지나치게 얽매인 나머지 형태를 확산시킨다는 점에 불만을 느끼고, 여기에 엄밀한 이론과 과학성을 부여하고자 하였다. 이를 위해 색채를 원색으로 환원하여 무수한 점으로 화면을 구성함으로써 통일성을 유지하였다. 신인상주의의 대표적인 표현 방법이 점묘법이다. - 두산백과 참조

〈아스니에르에서의 물놀이〉,
런던 내셔널 갤러리

〈그랑드 자트 섬의 일요일 오후〉,
시카고 아트 인스티튜트

특히 형태와 색의 근원인 빛과 그것을 표현해 내는 도구인 물감
은 큰 차이점이 있었다. 빛은 계속 섞이면 흰색에 가까운 무색이 되
지만, 물감은 계속 섞으면 검은색이 되었다. 점묘법은 인간의 눈이
카메라 렌즈보다 세밀하지 못해 생기는 착시를 이용한 표현 방법으
로 빛을 쪼개서 표현하는 기법이다.

🙂 빛을 쪼개니 새로운 느낌이 든다

쇠라는 색을 과학적으로 분석해서 연구한 화가이다. 보다 빛에 가
까운 색을 얻고자 했던 그는 개별적인 색을 섞이지 않게 점으로 찍
어 표현했다. 왜 그래야 했을까?

얼렁뚱땅 미술 교실

쇠라의 작품을 자세히 들여다보면 점과 점 사이가 조밀하긴 하지만 빈 공간이 존재한다. 색이 채워지지 않은 빈 공간은 멀리서 보면 색이 칠해진 점과 중첩이 일어난다. 이렇게 생긴 중첩은 이제까지 경험하지 못한 새로운 느낌을 주었다.

실제 〈그랑드 자트 섬의 일요일 오후〉나 〈아스니에르에서의 물놀이〉를 감상할 때 멀리 서 있다가 천천히 다가가면서 감상하면 전혀 다른 두 개의 그림으로 느껴지는 착시를 경험할 수 있다. 빛을 쪼개서 표현하면 실제 모습에 더 가까워질 것 같지만, 그렇게 표현한 그림은 실제와 비슷하면서도 다른 모습을 보인다.

의도했지만 의도한 대로 되지 않는 것은 얼렁뚱땅 미술 교실에서 모든 아이들이 겪는 딜레마이지만, 의도되지 않은 그 자체에서 새로움을 발견하는 경험을 할 수도 있다.

 표현의 실제

점묘법과 같이 빛을 쪼개려면 가장 먼저 대상을 '분석'해야 한다. 대상이 어떻게 보이는지 색채를 대비시켜야 하고, 그것을 바탕으로 세분화해서 질감을 주며, 아주 작은 점 등을 이용하여 구성한 기법이기 때문이다. 하나하나의 점은 빛을 표현하는 입자이고, 입자의 모임은 빛의 반사로 나타나는 색이다. 따라서 세심한 관찰을 바탕으로 어떤 빛으로 보이는지, 어떤 색으로 도드라지는지 인식하고 판단해야 한다. 물론 이 과정을 아이들이 차분하게 하기는 어렵다. 그래서 아이들에게 새로운 주문을 한다.

"가상의 만능 눈을 만드는 거라고 생각하자. 1~2미터 사이에서 사물을 보되 몸은 가만히 둔 채 눈을 최대한 앞으로 가까이 가져간 다는 느낌으로 점을 찾아 보자. 점의 색깔도 찾아야 해."

사물에서 점을 찾고, 점에 해당하는 색을 선택하면 본격적으로 표현을 시작한다.

이때 색을 점으로 표현하는 건 쉬운 일이 아니다. 그래서 새로운 도구와 방법을 알려 준다. 면봉은 점을 표현하기에 좋은 도구이다. 균일한 색을 표현하기에 좋다. 붓을 이용해 찍는 것이 가장 기본적 인 활동이기는 하지만, 손가락의 힘이 적절히 조절되지 않으면 균 일하게 표현되지 않는다. 그래서 면봉을 추천한다. 색깔별로 각각 의 면봉을 쓴다. 대부분의 아이 들이 처음 해 보는 활동이기에 의도하지 않은 상황 속에서 새 로운 표현을 찾을 수도 있기 때문에 다양한 표현을 시도해 보도록 격려하는 것이 좋다.

붓을 이용해서는 뿌리는 방 법도 있다. 붓에 물감을 묻혀

얼렁뚱땅 미술 교실

찍는 것이 아니라 뿌려 가며 점묘를 표현한다. 넓은 면적을 점묘로
표현하거나 찍는 것보다 더 작은 점을 찍을 때 활용한다. 점이 작
기 때문에 강렬한 느낌보다는 부드럽고 온화한 느낌을 표현하기에
적당하다. 특정 부분을 보다 강렬하게 표현하고 싶으면 물의 농도
를 조절하는 것보다는 더 많이 뿌려 주거나 찍는 것이 좋다.

점묘법을 표현하려면 평소
보다 시간을 좀 더 많이 주어
야 한다. 영역을 구분하기 위
해 약간의 스케치도 필요하다.
물론 스케치를 하느냐, 안 하
느냐는 아이들의 선택에 달려
있지만, 방법의 다양성 차원에
서 알려 주면 좋다.

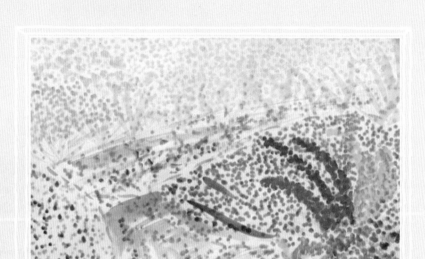

자갈 틈에 피어 있던 빨간 꽃을 중심으로 그린 그림이다. 이 그림을 그린 아이의 시선에 주목할 필요가 있다. 단지 위에서 아래로 내려다보며 그린 것이 아니라 붉은 꽃과 시선을 나란히 하면서 본 풍경을 표현하고 있다.

광려천에 있는 나무들이 물에 비친 모습을 표현했다. 위에 있는 나무와 물에 비친 나무는 점묘로 표현하고, 물은 일반적인 회화의 방식으로 표현하여 느낌이 잘 어우러진다.

보다 맑은 색이 표현되는 다른 작품과는 달리 점묘로 표현했지만 특이한 색감을 창조했다. 보통의 아이들은 어두운 색감을 잘 선택하지 않지만, 이 작품에서는 어두움이 주는 부정적인 느낌보다 선명함이 더 크게 느껴진다.

본인 작품평　광려천의 담 위쪽 구석에서 위를 올려다본 것입니다. 이 구도가 마음에 든 이유는 하늘을 쳐다보는 꽃의 옆모습이 저 같다는 생각이 들었기 때문입니다. 보라색 꽃을 중심으로 그리려 의도했고, 햇빛을 받은 꽃잎과 돌이 여러 색으로 보여 표현했습니다.

전체적으로 점묘로 표현하면서도 바위나 잎을 표현한 방식이 조금씩 다르다. 원래 바위가 가지고 있던 서로 다른 질감을 잘 보여 주었다. 오른쪽 아래 바위가 띤 붉은색은 강렬한 색감으로 존재감을 드러내지만, 주변에 색을 넣지 않은 꽃은 더 큰 존재감을 보여 준다. 바위 틈에서 피어난 꽃이 시리도록 외롭게 보인다. 하늘의 푸른 구름이 외로워 떠나려는 꽃을 잡아 주는 듯한 느낌이다.

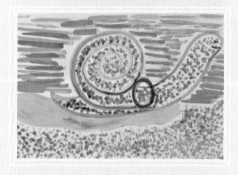

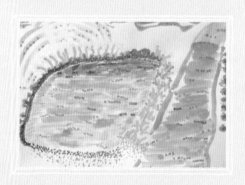

Project 8 아이들의 마음을 읽는 미술 활동

얼렁뚱땅 미술 교실에서는 다양한 표현 방법에 도전하기에 아이들은 활동 자체를 힘들어 하면서도 한편으로는 즐거워한다. 하지만 가끔은 휴식과 놀이가 필요하듯 부담이 적은 미술 활동도 필요하다. 아이들의 흥미를 끌 수 있으면서 학급 운영이나 학생 상담 영역으로도 활용할 수 있는 미술 활동을 소개한다.

 연필화

수업 중 지루하거나 딴짓을 할 때 교과서나 공책에 몰래 낙서를 하는 아이들이 있는데, 그 도구는 주로 연필이다. 직관적으로 손이 가는 대로, 눈에 보이는 대로 표현할 수 있는 연필은 아이들이 늘 쥐고 있는 일상의 도구이고 사용하기에도 편리해 그림 그리기에 더할 나위 없이 좋지만 색을 표현할 수 없다는 단점이 있다. 그런데 그 약점을 보완할 수 있는 또 다른 장점이 있다. 그건 덧칠이 가능하다는 것이다. 물감으로 덧칠하는 것과 또 다른 느낌을 줄 수 있는 것이 연필의 덧칠이다.

얼렁뚱땅 미술 교실에서는 전문적인 연필 소묘(데생)나 연필화가 아니라 아이들이 선생님 몰래 하던 낙서를 연필화로 탈바꿈시키는 활동을 할 것이다.

연필화의 주제는 자유롭게 정하지만 표현 방식은 단순화하는 것이 좋다. 여기서 단순화는 대강 그리란 뜻이 아니라, 구체적이고 직관적으로 표현한다는 뜻이다. 연필은 그 어떤 도구보다 세밀하게 표현할 수 있는데 단순하게 표현하라니 역설적으로 들리겠지만, 오히려 단순하게 구성하는 것이 아이들의 부담을 줄이면서 표현을 자유롭게 하는 데 도움을 줄 수 있다.

그렇다면 연필화의 주제로 가장 적합한 것은 무엇일까? 바로 캐릭터 그리기이다. 영화나 애니메이션을 보고 난 뒤 주인공의 캐릭터를 연필화로 표현해 본다. 좀 더 연장하면 인상적인 장면을 그리는 것도 좋다. 물론 이때도 가능하면 단순하게 표현한다. 미술 활동을 넘어 캐릭터에 스토리텔링을 더하는 활동도 첨가하면 좋다.

 나의 뇌 구조도

나의 뇌 구조 그리기는 아이들의 마음을 들여다볼 수 있는 좋은 미술 활동이다. 옆 모양의 얼굴을 그리고 뇌에 해당하는 부분에 현재 가장 관심이 있는 여러 생각 등을 표현한다.

학년 초에 학급에 바라는 기대, 자신의 1년 계획, 현재 가장 중요한 감정이나 걱정거리, 당면한 문제 등을 매우 구체적으로 표현할 수 있다. 주제의 특성상 표현하는 형태보다 글의 내용이 중요하다. 표현의 독창성이나 다채로움은 부차적이다. 단 표현할 때 크고 선명하게 그릴 것을 주문한다.

나의 뇌 구조도 그리기 활동 후에는 다른 친구들의 생각과 마음도 관찰하며 서로를 이해하는 시간을 가질 수 있다. 아이들의 뇌 구조도를 교실 뒤에 게시하여 고민이 있는 친구의 뇌 구조도에 포스트잇으로 응원의 말을 써 주는 등의 활동을 해도 좋다.

얼렁뚱땅 미술 교실

나의 뇌 구조도 작품 감상

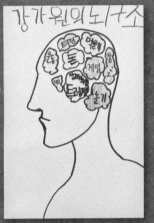

강가원의 뇌구조

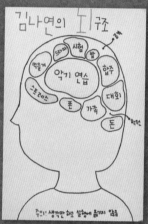

김나연의 뇌구조

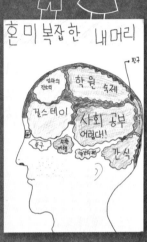

혼미 복잡한 내머리

서희의 뇌구조

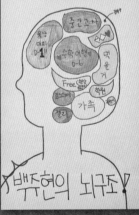

백주현의 뇌구조!

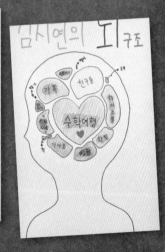

김시연의 뇌구조

친구 캐리커처

나의 뇌 구조도 그리기 활동 후 이어서 할 수 있는 활동이다. 서로의 생각이나 속마음을 털어놓고 이해하게 된 친구의 긍정적인 모습을 표현해 본다. 평소 친구들의 눈에 비친 내 모습을 확인해 볼 수 있는 시간이어서 아이들이 특히 즐거워한다. 저학년부터 고학년까지 두루 활용할 수 있는 활동이다.

친구 캐리커처 그리기의 재료는 연필이다. 도화지 한 장에 한 명의 친구를 표현하는데, 캐릭터의 크기는 되도록 크게 그리도록 유도한다. 자신을 드러내는 것보다 타인을 표현하는 것에 부담이 적고, 무엇보다 단점이 아닌 좋은 점을 부각시켜 주는 활동이라 친구에게 주는 선물이라고 생각한다.

형태의 제한을 두지는 않으나 시간이 남는 아이에게는 좀 더 구체적이고 세밀하게 표현하도록 유도한다. 친구에게 선물하는 그림이므로 그린 사람의 서명이 들어간다면 더욱 의미 있을 것이다.

얼렁뚱땅 미술 교실

친구 캐릭커처 작품 감상

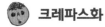 **크레파스화**

크레파스는 저학년 때 많이 사용하는 도구이다. 비교적 사용이 편리하고 색깔을 표현하기에도 간단하기 때문이다. 4학년 이상부터는 물감을 주로 사용하지만, 얼렁뚱땅 미술 교실에서는 크레파스의 성질을 이용한 두 가지 표현 방식을 진행한다.

첫 번째는 검은색 도화지에 크레파스화를 그리는 것이다. 검은색 도화지에 그림을 그리면 색이 도드라져 보인다. 특히 크레파스와 검은색 도화지의 조합은 색을 좀 더 강렬하게 표현하는 효과가 있다. 검은색 자체가 바탕색의 효과를 주기 때문에 형태와 색깔에 집중하여 표현한다.

두 번째는 흰 도화지에 물감과 함께 표현하는 방법이다. 기름 성분이 있는 크레파스는 물감과 섞이지 않는다. 이것을 이용해 다양한 표현을 유도할 수 있다. 대상을 크레파스로 그리고 여백을 물감으로 채우는 방법을 사용해도 되고, 그 반대의 경우도 가능하다. 크레파스와 물감이 섞이지 않기 때문에 경계가 확실히 구분되고, 세밀한 표현이 미숙하여 고민하는 아이에겐 형태와 색깔에 집중해서 표현할 수 있게 도와준다.

그림의 주제는 인상적인 장면이나 강조하고 싶은 대상, 아름다운 풍경 등 무엇이든 상관없다.

크레파스화 작품 감상

메타인지를
활성화시켜 주는
얼렁뚱땅 미술 교실

대부분의 교육 활동 과정을 살펴보면 문제 인식 → 해결 전략 탐색
→ 계획 수립 → 문제 해결 → 평가로 이루어져 있다. 교육 활동뿐
만 아니라 일상생활 속에서도 대략적으로 이런 과정을 갖고 있는
데, 이때 활용되는 인지 작용이 '메타인지'이다. 메타인지는 '생각에
대한 생각'이라는 개념으로 널리 알려졌으나 이는 메타인지의 기능
적 측면을 강조한 것이고, 본래 개념은 자신의 인지에 대한 점검 능
력을 뜻한다.

　메타인지는 미국 발달심리학자인 플라벨(John H.Flavell)의 기억
력 실험을 통해 처음 개념화되었다(1979). 자신이 완전히 암기했다
는 확신이 들 때까지 암기하도록 실험에서 요구하였는데, 완전히
암기하지 못했음에도 암기했다고 착각하고 암기를 중단하는 현상
이 반복되었다. 이후 유사 실험을 통해서도 동일한 결과를 발견했
는데, 암기 능력 자체의 문제라기보다는 암기를 종료해도 되는지의
여부를 판단하는 인지력이 문제가 되었음을 발견하였다.

이렇게 시작된 메타인지에 대한 연구는 점차 인지 현상 전반에 대한 지식을 지칭하는 포괄적인 메타인지 개념으로 등장하게 되었다. 현재는 심리학, 교육학 전반에서 그 중요성을 인정받고 있다.

메타인지는 목표를 달성하거나 문제 해결을 위해 활용되는데, 미술 활동을 하면서 자신의 느낌, 생각, 감정, 욕구 등을 포착하고 그것을 표현하는 활동이 메타인지를 자극하는 효과를 발휘한다.

메타인지를 활성화시키는 전략 중 하나는 '스스로에게 질문하기' 방법이 있다. 목표를 떠올리고, 그것을 달성하기 위해 잘 진행되고 있는지 하나씩 질문해 가면서 확인하는 방법이다. 미술 활동을 통해 자신이 그리고 싶은 장면을 그리면서 스스로 질문하고 과제를 수행하는 과정을 주변 사람들과도 나눈다면 메타인지를 활성화시킬 수 있다.

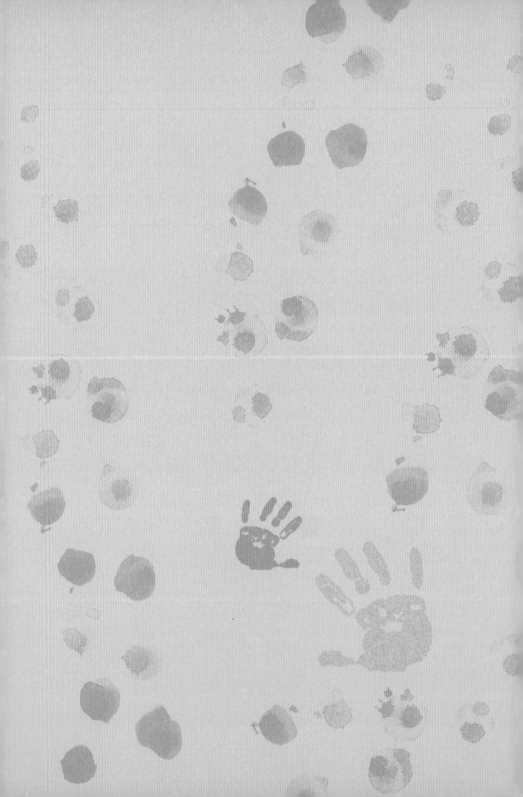

제 3장
얼렁뚱땅
미술 프로젝트 : 디자인

얼렁뚱땅 미술의 회화 프로젝트는 그림 그리기에 대한 두려움을 극복하고, 자신의 생각이나 느낌을 자유롭게 적극적으로 표현하는 미술 활동을 경험해 볼 수 있는 시간이었다. 3장에서 진행하게 될 디자인 프로젝트는 좀 더 자유로운 자기표현 활동을 경험해 볼 수 있는 시간이 될 것이다.

그렇다면 디자인 활동은 왜 필요할까?

회화는 현실 속에서 눈으로 보고 관찰할 수 있는 영역을 표현한다. 자연에서 발견한 아름다움에 대한 설정과 해석을 자유로운 표현 기법에 맡겼을 뿐 현실을 왜곡해서 표현하지는 않는다.

디자인 프로젝트는 이 한계를 넘어 보려는 활동이다. 사물을 표현할 때 있는 그대로 표현하는 것이 아니라 작가의 상상이나 주관적인 해석을 중심으로 표현하는 영역도 있는데,* 이 장에서는 초현실이나 추상의 영역을 빌려 와 더 자유로운 표현 방법을 접해 본다.

* 추상미술은 대상의 구체적인 형상을 나타낸 것이 아니라 점, 선, 면, 색과 같은 순수한 조형 요소로 표현한 미술의 한 가지 흐름이다. 형태나 색은 각각의 고유한 의미와 느낌을 가지고 있어 형태와 색의 어울림만으로도 그리는 사람의 생각과 느낌을 표현할 수 있다고 말한다. 대표적인 화가로 칸딘스키와 몬드리안이 있다.

디자인 프로젝트는 현실 속의 풍경과 조금 다르더라도, 형태를 좀 바꾸더라도 표현 활동 자체에 좀 더 몰입할 수 있도록 해 준다. 디자인 프로젝트는 무엇보다 잘함과 못함의 차이를 구별할 수 없기에 더욱 매력적이다. 어떻게 표현하든 얼마나 비슷하게 그렸냐의 문제보다는 무엇을 표현했느냐가 중심이 되기 때문에 아이들은 미술 활동에 더 몰입하고 집중할 수 있다. 또한 그러한 활동을 하고 난 뒤에 생긴 우연함 속에서 새로운 아름다움을 만나는 기회도 가져 볼 수 있다. 얼렁뚱땅 미술 교실에서 추구하는 가장 이상적인 환경이다.

Project 1

디자인이란
무엇인가?

디자인(design)의 사전적 의미는 주어진 목적을 조형적으로 실체화
하는 것, 혹은 실용 목적을 가진 조형 작품의 설계나 도안이다. 어떤
의미에서든 디자인은 구체적인 형상이나 형태를 만드는 것이다.

그렇다면 얼렁뚱땅 미술 교실에서는 디자인을 어떻게 정의할까?
회화가 아닌 미술의 다른 표현 방법을 모두 '디자인'이라고 이름 붙
인다.

자연 속에서 아름다움을 찾아 그림으로 표현할 때는 대상을 크고
또렷하게 표현하는 것에 중점을 둔다. 자신이 본 것을 우선하고, 그
아름다움의 근거는 자신에게 두며, 그것을 자신만의 방법으로 표현
하는 것을 '회화(그림)'라고 했다. 보다 크고 또렷하게 그리지만 회
화는 형태 자체를 왜곡하지 않는다. 바라보는 시선에 따라 다르게
보일 수는 있지만, 그것을 표현할 때는 보이는 그대로 표현하는 것

얼렁뚱땅 미술 교실

에 중점을 두었다.

반면 디자인 프로젝트는 이 지점에서 변곡점을 나타낸다. 눈으로 본 형태를 그대로 옮기지 않아도 된다. 사실 회화는 형태를 그대로 그림으로 표현하기 위해 무수히 많은 노력을 해 왔다. 그러나 사진이 등장하면서 새로운 도전에 직면했다. 사진보다 더 잘 표현할 수 없으니 제대로 옮기지 않아도 된다는 역설적인 상황이 되어 버렸고, 그 결과 현대미술로 발전하는 계기가 되었다.

형태를 그대로 옮기지 않아도 된다면 표현의 다양성이 생긴다. 그러면 크게 두 가지 방식이 나올 수 있는데, 하나는 변화하는 형태 중에서도 변하지 않는 것만 선택해 표현하는 방법이고, 다른 하나는 형태 자체를 뭉개면서 표현하는 방법이다. 형태 중에서 변하지 않는 것을 표현하는 방법은 무엇일까? 우리는 몬드리안의 작품에서 그 힌트를 찾을 수 있다.

〈붉은 나무〉, 헤이그 시립현대미술관

〈회색 나무〉, 헤이그 시립현대미술관

〈꽃이 핀 사과나무〉,
헤이그 시립현대미술관

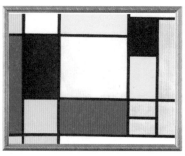

〈빨강, 검정, 파랑, 노랑, 회색의 구성〉,
암스테르담 시립미술관

〈붉은 나무〉와 〈회색 나무〉 그리고 〈꽃이 핀 사과나무〉는 몬드리안이 구체적인 대상물에서 추상적인 표현으로 변해 가는 과정을 보여 주고 있다. 〈빨강, 검정, 파랑, 노랑, 회색의 구성〉은 사물을 빨강, 파랑, 노랑, 검정, 흰색의 원색과 사각형의 틀로 표현해 버린다. 즉 변하는 것 중에 변하지 않는 것만 추려 내어 표현한 것이다.

다음 그림은 칸딘스키가 남긴 10점의 〈컴포지션〉 시리즈 중 일곱

〈컴포지션 No. 7〉, 트레티야코프 미술관

번째 작품이다. 칸딘스키는 이 시절 사물을 구체적으로 그리지 않고 기하학적으로 표현했으며, 색의 표현 역시 정확하게 그리기보다 의도적으로 흐트러뜨렸

얼렁뚱땅 미술 교실

다. 이것이 형태를 뭉개면서 그리는 예이다.

형태를 뭉갰더니 색깔도 뭉개지는 효과가 생긴다. 이걸 직접 느끼는 경우가 있다. 아침에 잠에서 깰 때를 생각해 보자. 아직 정신이 다 들지 않은 상태에서 어렴풋이 눈만 뜨고 세상을 본 경험이 있을 것이다. 그때 세상이 어떻게 보였는가? 형태와 색깔이 뭉개졌다가 점점 또렷해진다. 바로 이 지점이다. 또렷해지기 이전의 뭉개짐의 상태를 표현한다면 표현의 영역이 늘어난다.

〈유리잔과 사과〉, 오르세 미술관

〈생트 빅투아르 산〉, 오르세 미술관

위 그림은 세잔의 〈생트 빅투아르 산〉과 〈유리잔과 사과〉이다. 이전에도 정물은 그림의 주요 소재였지만 세잔의 정물화는 사물 자체에 의미를 두었다. 즉 '화면의 어떤 위치에 사물을 배치하는가?'는 세잔에게 매우 중요한 화두였다. 이것은 화가가 세상을 주체적으로 보는 것을 넘어 표현하는 것까지 확대하는 토대를 마련한 것이다. 〈생트 빅투아르 산〉 역시 마찬가지다. 자세히 보면 산의 윤곽선이 보인다. 실제 산을 보자. 윤곽선이 보이는가? 보이지 않는다. 그렇다면 윤곽이 느껴지지 않는가? 느껴진다. 산이란 형태는 변함이 없지만 빛에 따라 시시각각 변하는 인상(印象)은 바뀐다. 세잔은 변하는 인상을 좇는 것이 아니라 변하지 않는 산 자체, 즉 물성(物性)에 집중했다.

사물의 물성에 집중하려면 어떻게 표현해야 할까? 변화하는 혼돈의 표현이나 불분명함은 물성을 분명하게 나타내기 어렵다. 그래서 세잔은 동시대의 인상주의 화가들과는 달리 잘 정제된 질서감을 우선했다. 그렇다고 빛이 가져다주는 불분명함을 버리지는 않았다. 그래서 세잔의 그림은 질서감과 함께 감각적인 인상도 함께 지니고 있다는 평가를 받고 있다.

그러나 세잔의 그림은 당대에 큰 주목을 받지 못했다. 분명함과 불분명함을 다 지니고 있다는 건 둘 다 표현되기 어렵다는 뜻도 된다. 정밀하게 표현해야 하는 분명함과 즉흥적으로 표현해야 하는 불분명함이 하나의 화면에 표현되어 있다는 것 자체가 이질적으로 느껴졌다. 하지만 세잔의 시도는 당대를 넘어 후대 화가들에게 영향을 미쳤다. 대상을 확실하게 표현하려는 경향이 늘어났고, 그것은 표현 자체가 예술이 될 수 있다는 획기적인 표현의 혁명을 가져왔다. 세잔이 시도했던 분명함과 불분명함의 조화는 의도하지 않았지만 현대미술이란 큰 장을 여는 시발점이 되었고, 그를 '현대미술의 아버지'로 부르게 된 이유도 여기에 있다.

　　　　　　　　　　　얼렁뚱땅 미술 교실

얼렁뚱땅 미술 교실에서 진행할 디자인 프로젝트는 표현 그 자체에 예술적 의미를 두는 현대미술과 궤를 같이한다. 표현 자체가 예술적 의미를 가진다면 무엇에 더 중점을 둘까? 표현으로 끝내는 것이 아니라 표현을 주체적으로 이끄는 아이가 작품에 의미를 새롭게 부여한다면 어떨까? 불규칙적이고 대상이 헝클어지며 전혀 의도하지 않은 표현이 되었더라도 그것에 대한 의미를 아이가 새로 부여할 수 있다면 현대미술이 추구하는 것과 별반 다르지 않다.

조금 더 발전하면 정리되지 않은 마음속의 욕구나 불안도 표현할 수 있다. 그것은 느낌이다. 표현의 느낌이 욕구나 불안을 나타내는 것이다. 불안이나 욕구를 상징하는 대상물이 있어서가 아니라 표현된 형태, 움직임, 색상에 따라 달라지는 미묘한 느낌들을 표현하는 것이다. '느낌적인 느낌'이란 어법에 맞지 않는 미묘한 차이를 눈으로 볼 수 있는 그 미묘함이 얼렁뚱땅 미술 교실의 디자인 프로젝트에 녹아 있다.

선과 도형이 만나면 디자인이 된다

도시의 한 장면을 떠올려 보자. 도로, 건물, 다리, 심지어는 신호등까지 무엇이든 상관없다. 그럼 이번에는 교실의 한 장면을 떠올려 보자. 책상, 사물함, 의자, 칠판, 책장 등이 떠오른다. 도시든 교실이든 인간이 만든 거의 모든 건축물이나 물건은 도형으로 이루어져 있다. 사각형이 가장 많고, 삼각형이나 원도 있다. 요즘에는 반듯하게 정리된 논과 밭, 줄줄이 이어진 과수원의 나무들조차 일정한 규칙성이 있다.

이처럼 현상에서 보여지는 사물들을 가장 간단한 형태로 표현한 것이 바로 도형이다. 그런데 도형은 선의 연속으로 이루어져 있다. 선은 다시 도형과 도형을 연결하거나 배열하면서 규칙성을 찾는다.

이러한 규칙성은 두 가지 느낌을 준다. 보다 정돈된 느낌을 주면서도 움직임을 느낄 수도 있다. 균일하게 가지런히 정돈된 상태와

얼렁뚱땅 미술 교실

비규칙적인 배열을 통한 움직임을 선과 도형을 이용해서 표현해 보는 것이 이번 프로젝트의 주요 활동이다.

우리 주변의 모습을 패턴으로 나타내자

주변의 모습에서 찾아낸 선이나 도형을 재구조화하면서 일정한 패턴을 만들어 보자. 아무렇게나 칠하고 배열한 선과 도형 속에서 우연히 만들어진 패턴이 주는 느낌에 주목해 보는 것이다. 도형의 크기를 변화시키면서, 또 색을 조절하면서 패턴을 찾아내는 데 집중하는 활동이다.

　색은 빨강, 노랑, 파랑의 원색이 가장 강렬하다. 하지만 크레파스가 아닌 물감을 사용하면서부터 아이들은 원색을 쓰는 것에 두려움을 갖는다. 원색이 너무 도드라져 보이기 때문이다. 그러나 색을 조절하는 훈련을 하기 위해서는 원색부터 시작해야 한다. 주변에서 만나게 되는 아름다운 색깔을 놓고 원색을 기준으로 분리하는 작업을 먼저 한다. 이때 다음 세 가지 원칙을 제시한다.

　첫째, 원색을 하나 정한다.
　둘째, 물을 섞을 수 있다.
　셋째, 흰색이나 검은색을 섞을 수 있다.

이렇게 색을 조금씩 분리해 나가면 빨강, 노랑, 파랑에서부터 점점 변해 가는 다양한 색을 만날 수 있다. 원색인 빨간색에 물과 흰색 혹은 검은색을 조금씩 섞어 보면서 같은 계열의 색을 만들어 볼 수도 있다.

선과 도형 디자인의 실제

아이들에게 패턴에 대한 개념만 간단하게 설명하고 표현은 자유롭게 할 수 있도록 한다. 쓸 수 있는 요소는 선과 삼각형, 원, 사각형 같은 도형이다. 색깔은 원색인 빨강, 노랑, 파랑을 주로 쓰도록 한다. 도형의 크기와 색을 조절할 수 있고, 도형 간의 간격, 서로 다른 모양 배치 등 생각나는 모든 것을 표현할 수 있다.

그럼에도 영역은 정해 주어야 한다. 영역의 한계는 8절지이다. 물론 4절지로 할 수도 있지만 공간이 커지면 자칫 표현 자체를 힘들어 할 수 있다. 표현할 요소와 색깔이 적다고 쉬운 활동이 아니기 때문이다. 특히 새로운 활동에 도전할수록 익숙한 환경에서 시작하는 것이 좋다.

대신 평소보다 두세 배 많은 도화지를 준비해서 실수의 압박을 좀 줄여 준다. 생각한 것이 제대로 표현되지 않더라도 좌절하거나 집착하지 말고 과감하게 다시 시작하라고 이야기한다.

　　　　　　　　　얼렁뚱땅 미술 교실

이 지점에서 도화지를 마음껏 쓰게 하면 함부로 쓰고 버리는 아이가 많지 않을까 염려하는 교사들이 있다. 물론 그런 아이가 없는 것은 아니다. 점 하나 찍어 놓고, 줄이나 도형 하나 그려 놓고 버리기도 하는데, 이때 아이들에게 집중력이나 정성이 부족하다고 몰아붙여서는 곤란하다. 대부분 활동의 의미를 파악하지 못했거나, 머릿속 구상을 표현하기가 어렵거나, 새로운 활동 자체를 두려워하는 아이일 가능성이 높다. 이럴 땐 교사가 다음과 같은 사항들을 짚어 주는 것이 좋다.

"무엇을 표현하려고 하는 거니?"
"어떤 의도를 표현하고 싶은 거야?"
"지금 무엇이 잘못되어서 실패했다고 생각하는 거야?"

위 질문의 공통점은 정답이 없다는 것이다. 반대로 말하면 아이가 선택하면 그것이 답이다. 어떤 활동이든 시작하기를 두려워하는 아이는 자신의 선택이 잘못되었을지 모른다는 두려움이 크다. 더 나아가면 무엇을 선택해야 할지 모르는 상태일 수도 있다. 이런 아이들의 두려움을 없애기 위해서는 회화와는 다른 디자인의 특성을 이해시키는 것이 좋다. 쉽게 이해시키는 방법 중 낙서에 비유해 설명하는 것이 있다.

"처음에는 막 해 보는 것이 중요해. 낙서할 땐 아무 생각 없이 시작하잖아? 잘하고 못한 낙서가 없듯이 선과 도형의 만남에도 더 잘하고, 더 못하고의 기준은 없어. 어느 정도 낙서를 하다가 때로는 새로운 모양을 추가해 보기도 하잖니? 이번 과제도 마찬가지야. 일단 시작하고 계속 네 생각이나 느낌을 확장시켜 가면 된단다. 더 할 수 없다고 생각이 들 만큼 했다면 그것만으로도 충분히 잘한 활동이야!"

표현을 하려고 마음먹은 아이의 지도는 생각보다 어렵지 않다. 사실 아이들은 교사보다 훨씬 더 다양한 형태의 상상을 해 왔다. 낙서가 그 증거이다. 선이나 도형을 정해 규칙적인 낙서로 유도하는 것이 핵심이다. 도형의 크기와 굵기를 일정하게 할 수도 있고, 변화하는 모습을 표현할 수도 있다는 것을 깨달은 아이는 더 자유로운 표현을 할 수 있다.

얼렁뚱땅 미술 교실

마름모를 주요 도형으로 삼았다. 차가운 배경에 마름모를 수정으로
생각하고 반복적인 패턴을 만들었다. 푸른색 계열이 차갑지만 차분
한 느낌을 준다.

197

원으로 중심을 표현하고, 외곽은 삼각형으로 구성했다. 중간에 생긴 여백은 자연스럽게 안정감을 준다. 꼭 액자에 끼워진 풍경화를 보는 느낌이다.

비정형적인 도형과 색깔이라 처음엔 의아했다. 깨진 유리조각 위에
비친 달을 도형으로 표현한 것이었다. 도형만으로 추상이 아닌 구
상의 표현을 한 것이 놀랍다. 색깔의 농도를 다르게 표현해서 자연
스러움도 더했다.

검은색 테두리를 먼저 그리고 도형을 그렸다고 한다. 성당 유리창에 설치된 스테인드글라스를 보는 느낌을 준다. 다채로운 색의 모음이 검은색의 테두리로 인해 더욱 선명해 보인다.

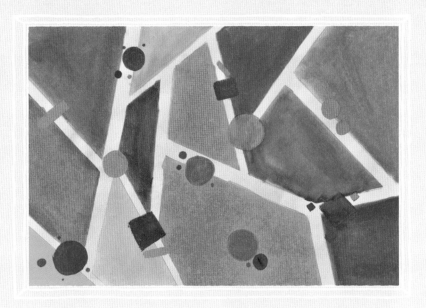

본인 작품평　여러 가지 도형을 배치해 봤습니다. 여러 도형이 붙어 있으면 어색할 것 같아서 조금씩 간격을 주었습니다. 작은 원은 포인트를 주기 위한 것입니다. 원만 있으면 살짝 단조로울 것 같아 사각형도 사용했습니다.

균형과 절제가 조화로운 작품이다. 여백을 주었는데, 실제로는 여백조차 하나의 도형처럼 느껴진다. 비정형적이고 불규칙적인 도형이지만 여백의 간격이 규칙적이어서 절제된 느낌이다. 다층으로 구성되어 있는데 아랫면은 주로 큰 다각형으로 채웠다. 따뜻한 색과 차가운 색을 동시에 썼지만 균형이 잘 맞는다. 무엇보다 포인트를 준 작은 원과 사각형이 인상적이다. 자칫 밋밋하기 쉬운 도형의 조합을 원과 사각형이 딱 잡아 주었다.

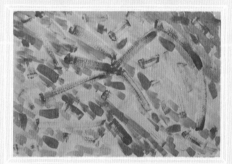

Project 3

불어서
표현하기

저학년은 그림 그리는 도구라고 하면 제일 먼저 크레파스를 떠올린다. 크레파스는 꽤 괜찮은 색칠 도구이다. 여러 가지 색상이 있고, 아이들이 그림을 그릴 때 형태에 대한 감을 잡기에 좋다. 하지만 보다 다양한 색상을 표현하기에는 미흡한 부분이 있다.

그래서 3, 4학년부터는 주로 물감을 이용한 미술 활동을 하는데, 물감을 사용하면 표현할 수 있는 색상의 수는 늘어나지만 크레파스에 비하여 형태를 표현하는 것이 어렵다. 스케치를 해서 경계를 설정해 보지만 익숙하지 않은 붓질은 경계선을 벗어나거나 모자라게 칠하기 일쑤이다. 거기다 물감으로 칠한 부분이 겹치면 색깔이 번져서 의도한 대로 표현하기 어렵다.

이번 시간에 진행할 '불어서 표현하기' 프로젝트는 이 지점에서부터 시작한다. 의도해서 붓질을 해도 의도한 형태나 모양이 나오지 않는다면 아예 의도대로 되지 않는 도구를 사용해서 '의도하지 않은 의도함'을 연출해 보는 것이다.

의도대로 되지 않는 도구로 빨대를 선택한다. 빨대로 물감을 부는 것이다. '불어서 표현하기' 프로젝트는 붓으로 물이 섞인 물감을 찍어 도화지에 올리고, 빨대로 불어 형태를 만드는 것이다. 의도하며 불지만 절대 의도한 대로 표현되지 않는 기이함을 만날 수 있는 미술 활동이다.

불어서 표현하기의 실제

'불어서 표현하기'의 방법으로는 두 가지를 제시할 수 있다.

첫 번째는 그림의 형태를 띤 불기이다.
이것은 회화 프로젝트의 기본 방식을 그대로 따른다. 즉 가장 인상적인 장면이나 표현하고 싶은 아름다운 대상을 정하고, 그것을 불기로 표현하는 것이다. 붓으로 표현할 수 없는 새로운 느낌을 줄 수 있다. 또 붓으로 그리기와 불기를 적절히 섞어 그리는 방법도 있다.

두 번째는 아예 불기만으로 표현해 보는 것이다.
구체적인 어떤 모양이나 형태를 생각하지 말고 그냥 부는 것이

얼렁뚱땅 미술 교실

다. 회화를 힘들어 하는 아이들은 불어서 생기는 새로운 모양이나 형태에 집중하게 하면 평소 미술 시간에 느꼈던 좌절감(?)을 잊고 새로운 도전의 기회를 경험할 수 있다.

아이들이 어떤 표현법을 사용할 것인지 정했으면 그다음에는 빨대 사용법을 알려 준다. 빨대는 구멍의 크기가 다른 것을 준비하여 각각의 크기에 따라 표현되는 느낌이 어떻게 다른지 먼저 경험케 한다. 가위도 함께 준비해서 빨대의 길이에 따라 바람의 세기가 달라지고, 그에 따라 다른 표현을 만들어 낼 수 있음을 아이들이 스스로 깨닫게 한다. 빨대가 짧으면 강한 바람이 나오고, 빨대가 길면 약하지만 세밀한 조작을 할 수 있다. 빨대 끝에 여러 번 가위질을 하면 바람이 여러 갈래로 나가면서 또 다른 느낌이 생긴다는 것도 추가로 알려 준다.

물감과 물의 양에 따라 불기에 적당한 양을 아이 스스로 조절해서 만드는 것도 중요하다. 도화지를 아래에 두고 물감을 묻힌 붓을 손등 위로 올려 탁탁 치면 물감이 잘게 쪼개져 퍼지는 효과를 낼 수도 있는데, '불어서 표현하기'와는 또 다른 느낌을 표현할 수 있다.

'불어서 표현하기'는 주제는 정확하게 그리고 그 위에 자연스러운 표현을 더하고 싶을 때 많이 쓰인다. 주제를 돋보이게 하는 효과를 얻을 수 있다.

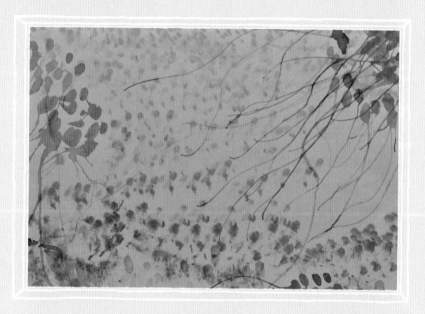

양쪽에 점들이 모여 있고, 가운데를 향하여 긴 선이 이어진다. 붉은
색을 좌우대칭되도록 배치하여 시선을 주면서도 균형감을 이루고
있다. 또 그 위치가 살짝 달라 운동감도 느낄 수 있다. 전체를 다 불
어서 표현한 것은 아니지만 강렬한 효과를 보여 주는 표현법이다.

이 작품은 불어서 표현하기를 많이 활용하지 않았다. 오히려 붓을
손등에 올려 탁탁 치는 털기를 활용해 배경을 구성하였고, 잎들도
점점이 표현했다. 사이사이 불어서 표현하기를 이용해서 비의도적
인 표현을 한 것이 인상적이다.

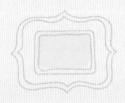

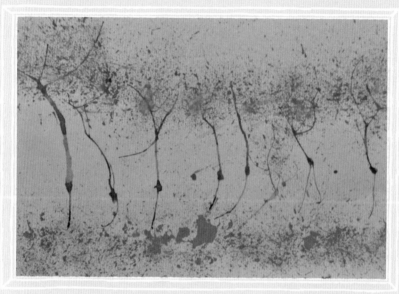

날아가는 씨앗을 형상화한 작품이다. 솜뭉치처럼 표현한 부분은 털기를 활용했고, 씨앗은 불기를 활용했다. 자세히 보면 씨앗과 솜뭉치를 이어 주는 줄기를 불기로 표현했는데, 부는 정도에 따라 줄기가 조금씩 다른 모습으로 나타난 것을 알 수 있다.

이 작품은 특정한 형태 없이 불기만으로 표현한 것이다. 그런데 자세히 보면 바탕에 파스텔로 약간의 효과가 들어가 있다. 아이에게 물어보니 마침 가져온 파스텔이 있어 바탕을 색칠하고 불기를 해 봤는데 느낌이 색달라 그대로 표현하게 되었다고 한다.

본인 작품평 비가 엄청 내리고 바람이 부는 날 빨간 우산을 쓰고 가는 모습을 표현해 보았습니다. 우산을 쓰고 있는 아이는 바로 저입니다. 불어서 표현하기는 생각보다 힘들었습니다. 원하는 방향으로 물감이 가지 않았습니다.

불어서 표현하기의 가장 큰 단점은 의도한 대로 그리기 어렵다는 점이다. 그래서 대부분의 아이들은 주제가 있는 그림을 그린 후 불기로 포인트를 준 후 털기로 배경을 채우는 경우가 많다. 그런데 이 작품은 불기가 표현의 주를 이루고 있으면서도 아이가 의도한 이야기가 그림 속에 잘 표현되어 있다. 검은색이 주를 이룬 가운데 우산만 붉은색으로 포인트를 준 것도 탁월하다. 마치 그림자 애니메이션의 한 장면을 보는 듯한 느낌을 준다.

더 많은 작품 보기

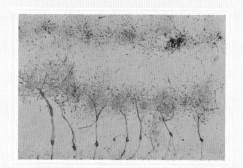

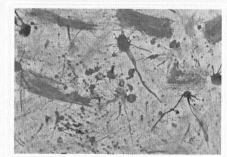

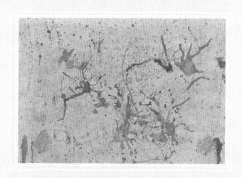

Project ④ 데칼코마니로 보는 아이들의 내면

얼렁뚱땅 미술 교실의 디자인 프로젝트 가운데 아이들이 가장 수월하게 생각하는 것이 바로 데칼코마니(decalcomanie)이다. 데칼코마니는 '복사하다'란 뜻의 프랑스어로, 한쪽 면에 물감을 바르고 반대편에 찍어 내면서 표현하는 초현실주의적인 표현 방법이다. 앞서한 '불어서 표현하기'가 우연성을 시도한 것이라면 데칼코마니는 좀더 적극적으로 우연성을 표현의 근간으로 삼는 활동이다.

데칼코마니를 통해 왜 우연적인 표현에 집중할까?

아름다움에는 여러 가지가 있다. 꽃이나 풍경처럼 그 자체의 아름다움을 가진 것도 있고, 특정한 규칙이나 패턴을 통해 생기는 아름다움도 있다. 그러나 현실 세계에서는 보기 드문 몽환적이거나 환상적인 아름다움도 있다. 예를 들면 무의식 중에 꾸는 꿈이나 지구의 자기장이 나타내는 오로라 같은 현상이 그것이다. 특히 무의식은 인간의 상상력을 뛰어넘는다. 꿈과 무의식이 결합하면 더욱더 환상적으로 변한다. 꿈속에서는 하늘을 날기도 하고, 땅이 불쑥 솟아오르기도 하고, 혹은 무서운 귀신이 나타나기도 한다. 인간의 이성은 무의식이 만들어 내는 기이한 장면을 제어하지만 꿈은 무의식을 탐험하고 여행한다.

데칼코마니는 의도적으로는 표현하기 어려운 기이한 형태를 표현할 수 있는 활동이다. 보다 환상적으로, 보다 몽환적으로 표현한 작품에 스토리텔링을 더하면 그 자체가 즐거운 활동이 되고, 표현의 확장성은 미술 활동에 그치지 않는다.

데칼코마니 프로젝트를 위해서는 몇 가지 제약(?)을 풀어 주어야 한다.

첫째, 물감의 제약을 풀어 준다.

물감을 많이 쓴다고 좋은 표현이 나오는 것은 아니지만, 아이들은 오히려 물감을 아껴 사용하는 경향이 있다. 평소 물감을 수채화에 많이 사용하면서 물을 적절히 섞어 표현하다 보니 그러한 경향을 갖게 된 듯하다. 그런데 데칼코마니는 붓으로 물감을 칠하기도 하지만 도화지에 물감을 직접 짜서 찍어 내도 된다. 이때 물은 조금만 섞어야 한다. 많이 섞으면 오히려 표현하기 어렵다. 나는 데칼코마니 프로젝트를 할 때는 '물감 없애기 프로젝트'란 이름을 붙여 가지고 있는 물감을 아낌없이 쓰도록 유도한다.

둘째, 붓의 제약을 풀어 준다.

붓은 그림을 그릴 때 사용하는 대표적인 도구이다. 하지만 데칼코마니 프로젝트에서 붓은 주 표현 도구가 아니다. 물론 붓을 이용해서 물감을 칠할 수도 있지만 붓 없이 물감을 짜기만 해도 찍어 낼 수 있기에 꼭 붓을 사용하지 않아도 된다.

셋째, 도화지의 제약을 풀어 준다.

얼렁뚱땅 미술 교실에서는 원래 도화지 사용에 제한을 두지 않는다. 그러나 점 하나 찍고, 선 하나 그리고 버리려고 하는 아이가 있으면 어떤 의도로 그림을 그리려는지 묻고 지도해 왔다. 회화 프로젝트의 경우에는 대부분 주제가 있는 그림을 그리기 때문에 구체적으로 표현하기 위해서는 시간이 많이 걸려서 도화지를 많이 쓰려고 해도 쓸 시간이 부족한 편이다.

하지만 데칼코마니는 다르다. 한 장을 찍어 내는 데 시간이 얼마 걸리지 않는다. 마음만 먹는다면 한 시간에 수십 장을 찍어 낼 수도 있다. 그러기에 데칼코마니를 할 때는 평소보다 더 많은 도화지를 준비해 놓아야 한다.

물감과 붓, 도화지의 제약을 풀어 주면 어떤 아이들이 가장 즐거워할까? 미술 활동에 부담을 느끼던 아이들이다. 특히 데칼코마니는 우연에서 나온 비의도적인 표현에서 다시 느낌을 찾는 과정을 거치기에 그림을 그리는 기법은 별 상관이 없다. 이렇듯 표현 기법에 대한 두려움을 없앨 수 있고, 표현된 작품에 스토리텔링을 더할 수 있다는 점에서 데칼코마니는 평소 미술 시간이 부담스러웠던 아이들이 무척 좋아하는 활동이다.

 ## 데칼코마니의 실제

도화지의 반을 접어서 한쪽에만 물감을 칠한다. 평소 그림 그리기에 익숙해져 있는 아이들은 붓을 사용하지 않아도 되는 것에 낯설어 한다. 따라서 일부러 붓을 사용하지 못하게 할 필요는 없다. 우선 붓으로 칠해서 찍어 보게 하고, 그 느낌이 제대로 나지 않는 것을 스스로 느끼게 하면 된다. 이후에 물감을 짜서 도화지에 묻히는 방법을 제시해도 된다.

그런데 이 방법도 처음부터 쉽지는 않다. 물감에 적당량의 물을 섞어야 하는데, 그 양이 넘치거나 부족하면 제대로 된 효과를 볼 수 없기 때문이다. 이 또한 여러 번의 경험을 통해 아이들 스스로 그 적정량을 깨닫게 하는 것이 좋다.

이제 도화지를 반 접은 후 이리저리 잘 문질러 준 뒤에 찍어 내면 된다. 이 과정에서 덩어리진 물감이 서로 엉키고 압착되면서 생각지도 못한 무늬나 문양이 나온다. 붓이나 다른 도구로는 표현하기 어려운 독창적인 것이다. 데칼코마니 작품은 좌우대칭을 이루는 것이 특징이다. 그러나 자세히 살펴보면 거의 비슷하지만 조금씩 다른 모습이 나오는 것을 관찰할 수 있다.*

 ## 아이들의 데칼코마니 전시회

아이들은 한두 번 실패를 경험한 후에는 금세 요령을 익혀 작품을 완성하는 속도가 빨라진다. 그래서 작품을 전시하는 방식을 바꿔 게임의 형태를 더해 보았다. 물론 다른 시간에 한 작품들도 다 함께 전시를 하지만 데칼코마니는 좀 다른 형식을 사용해 보았다.

1회, 2회, 3회 정도 끊어서 작품을 전시하는 것이다. 처음 1회에는 모든 작품을 제출하게 한 후 칠판에 붙였다. 그리고 2회에는 이후에 만든 작품과 앞서 칠판에 붙여 놓은 작품을 비교해서 더 나은 것을 붙이도록 했다. 이렇게 1~3회를 거치면서 자신이 만든 작품 중 가장 잘되었다고 생각되는 작품이 칠판에 남게 되는 것이다. 물론 아이들마다 작품을 완성하는 속도와 횟수가 다르기 때문에 경우에 따라서는 7~8회 이상 작품을 만들고 갱신하기를 반복하는 아이도 있다.

* 데칼코마니의 특성 중 찍는 과정에서 도화지 위의 물과 물감이 섞여 생기는 비의도성을 표현하는 기법도 있다.

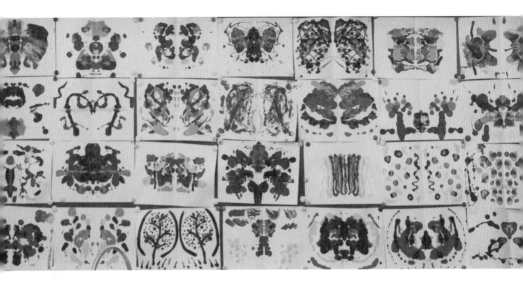

최종 작품이 결정되면 이때부터는 새로운 활동을 시작한다. 자신의 데칼코마니에 스토리텔링을 더하는 것이다. 우연에 의해 만들어진 작품에 이야기를 붙이라니, 교사의 요구에 아이들은 처음에는 조금 당황스러워한다. 하지만 이내 꿈속을 설명하듯 천연덕스럽게 이야기를 풀어 내는 아이가 있는 반면, 조금 쑥스러워하면서 만드는 과정의 에피소드를 설명하는 아이도 있다.

신기한 건 아이들이 만들어 낸 기상천외한 이야기를 듣다 보면 데칼코마니의 형태가 꼭 그렇게 보이는 것이다. 작품 활동으로 한번, 스토리텔링 활동으로 또 한 번 아이들과 창의적인 활동을 할 수 있는 것이 데칼코마니 프로젝트이다.

프로이트학파의 정신분석학자이자 정신의학자인 헤르만 로르샤흐(Hermann Rorschach)는 잉크 반점을 어떻게 인식하는가에 따라 내담자의 대상 지각 과정, 조직화하고 구조화하는 방법 등이 다름을 이용하여 심리적 장애가 있는 사람들의 반응 패턴을 정리한 투사적 검사를 개발하였다. 이것이 '로르샤하 검사'이다.

로르샤하 검사는 데칼코마니 기법으로 좌우대칭의 얼룩이 있는 열 장의 카드로 검사를 한다. 무채색 카드와 채색 카드가 있으며, 모호한 그림이어서 사람마다 자신만의 방식으로 해석하는데, 개인의 성격과 습관, 반응 양식을 알려 줄 수 있는 진단 도구로 사용되고 있다.

얼렁뚱땅 미술 교실에서 진행하는 데칼코마니 프로젝트는 아이들 심리 검사의 영역은 아니다. 하지만 우연의 결과로 이루어진 자신의 작품에 스토리텔링을 덧입히면서 자신의 내면의 모습을 파악하는 계기는 된다. 이것은 또 학급 친구들에 대한 이해의 폭을 넓힐 수 있는 기회가 되기도 한다.

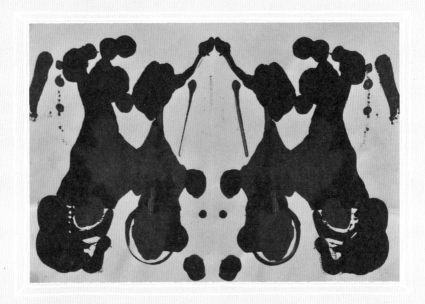

아이는 강아지 두 마리가 뛰어노는 모습이라고 이야기했다. 이야기를 들고 보니 앞발을 들고 뒷발로 서 있는 강아지의 모습이 연상된다. 뒤에 있는 강아지는 푸들을 연상시키기도 한다.

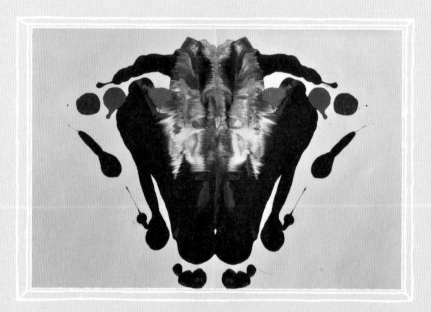

나는 이 작품을 보자마자 외계인의 머리를 떠올렸는데, 이 작품을 완성한 아이는 곤충의 머리라고 했다. 정수리 부근에 밝은색 위주로 많이 뿌려서 찍었더니 물감이 압착되면서 붓으로 표현하기 힘든 어려운 문양이 신비롭게 표현되었다.

아이는 턱수염을 기른 아저씨라고 했다. 아저씨는 며칠 머리를 감지 않아 텁수룩한 머리에, 감기에 걸렸는지 코에서는 콧물(붉은색)이 나온다는 것이다. 갑자기 쌀쌀해진 날씨에 몸을 웅크리고 있는 모습을 표현했다.

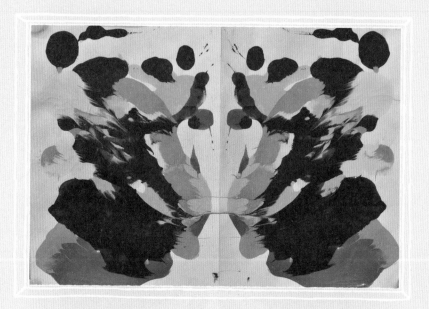

웃고 있는 염소 아저씨라고 한다. 머리에 뿔이 난 염소 아저씨는 맛있는 먹이를 먹고 기분이 좋아져서 웃고 있단다. 염소 아저씨는 친절한데, 맛있는 먹이를 먹고 나면 더욱더 친절해질 거라고 한다.

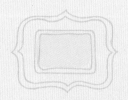

본인 작품평 데칼코마니를 처음 해 봤는데 너무 신기했습니다. 제 작품은 가면 쓴 사람의 얼굴입니다. 가면으로 얼굴을 가리고 있고, 눈 주위만 뚫려 있는 모습이죠. 뭔가 큰 소리로 말하면서 연기를 하고 있습니다.

접힌 안쪽부터 밀어 가며 찍어 내어 물감이 밖으로 번지면서 창조적인 색감이 표현되었다. 특히 흰색이 다른 색과 섞이면서 색상의 차이를 보여 주는 것이 인상적이다. 검은색이 번지면서 다른 색을 잠식해 들어가 균형을 잡아 주는 효과도 보인다. 이 작품에서 가장 눈에 들어오는 것은 흰색과 보라색이 섞여 표현된 윗부분이다. 이 작품을 완성한 아이도 가장 인상적인 부분이라고 말하였다.

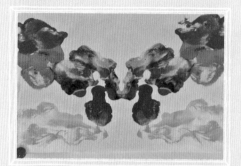

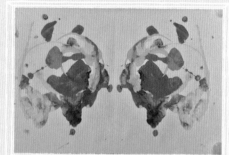

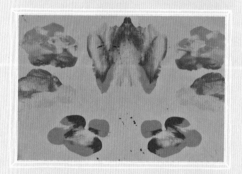

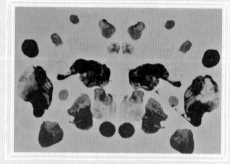

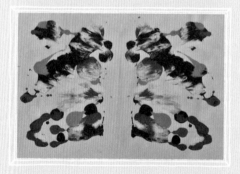

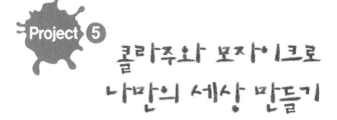

Project 5
콜라주와 모자이크로
나만의 세상 만들기

콜라주(collage)는 무언가를 풀로 붙인다는 뜻으로, 브라크(Georges Braque)와 피카소(Pablo Picasso) 같은 입체파 화가들이 유화의 한 부분에 신문지나 벽지 등을 붙여 화면의 구도와 구체감을 강조하는 수단으로 시작되었다.[*] 특히 신문이나 잡지의 사진, 기사 등을 이용하기 때문에 기존에 글과 이미지로 표현되어 있던 것에 한 번 더 의미를 부여하는 작업을 통해 다양한 해석을 할 수 있는 기회를 준다. 기존의 대상을 비틀어서 표현할 수도 있어 현실 풍자를 보여 주고 싶을 때 곧잘 쓰이곤 한다. 또한 오리고 붙이는 것뿐만 아니라 그 사이에 글이나 그림을 더할 수 있어서 풍부하고 세밀한 표현도 가능하다.

[*] 두산백과 참조.

콜라주가 비교적 최근에 생긴 것이라면 모자이크(mosaic)의 역사는 고대 그리스 로마 시대부터 시작되었다. 여러 가지 색상의 돌, 유리 조각, 도편(陶片) 등을 사용해서 평면에 늘어놓고 석회나 시멘트 등으로 접착시켜 무늬나 그림으로 표현하는 방법이다. 모자이크는 하나의 표현 방법으로, 모자이크화는 모자이크의 방법으로 그린 그림을 말한다.

표현 방법의 다른 점을 제외하고 모자이크가 가지는 특징은 무엇일까? 개별적인 색이나 모양을 유지한 채 전체적으로 조화를 이루는 어떤 형태를 보여 준다는 점이다. 즉 한 조각을 이루는 다양한 물체가 모여서 하나의 완성된 작품이 된다. 한 조각을 이루는 모자이크의 크기에 따라 작으면 좀 더 세밀하게, 크면 좀 더 과감하게 표현되는 특징을 가지고 있다.

 콜라주의 실제

콜라주는 기존에 표현된 사진, 그림, 활자 등을 활용하기 때문에 사용할 대상을 발견하는 순간 이미 절반은 끝난 셈이다. 그래서 그림 그리는 활동에 부담을 느끼는 아이들도 재미있게 할 수 있다. 그리고 콜라주에 사용할 그림이나 사진을 찾고, 전체 형태를 구성해 보고, 붙이는 과정에서 상당한 집중력이 필요한데, 이는 얼렁뚱땅 미술 교실의 활동에 대한 효능감을 높여 주어 궁극적으로 학교생활에 대한 자신감도 키우는 결과를 낳는다. 활동 자체가 역동적이고 능동적이어서 평소 모둠 활동에 소극적이었던 아이들도 공동 작업을 통해 사회성 및 의사소통 능력을 키우는 데 도움이 된다.

콜라주 프로젝트는 바탕을 도화지로 한정한다. 콜라주는 잡지, 신문 등의 매체를 재료로 작품을 만들기도 하지만, 나뭇잎, 실, 단추, 이쑤시개, 면봉 등과 같은 생활용품을 활용할 수도 있어서 그 표현 영역에 있어서 확장성이 뛰어나다. 하지만 얼렁뚱땅 미술 교실에서는 잡지에 나온 사진이나 글을 이용해서 진행한다.

잡지는 패션 잡지가 가장 좋다. 최신판이 아니어도 괜찮고, 모든 아이들이 잡지를 구하려면 시간이 좀 필요하므로 한 달 전부터 미리 공지하여 잡지를 준비하도록 한다.

표현 방식은 크게 두 가지가 있다.

하나는 무작위로 대상을 오리고 그에 맞는 제목이나 내용을 찾는 방식이다. 잡지에서 흥미가 가는 것을 다 오린 후, 오린 것을 바로 붙이지 말고 도화지 이곳저곳에 대 보면서 구성해 보게 한다. 조합이 그럴싸하게 완성되면 적절한 문구를 찾는데, 이것 역시 잡지 속에 있는 글자를 찾는 것이 좋다. 맞아떨어지는 것을 찾을 수 없으면 색종이를 오려서 글자를 만들거나 직접 글자 도안을 쓸 수도 있다.

다른 하나는 특정한 주제를 먼저 생각하고 그에 맞는 사진이나 글자를 찾는 방법이다. 이때는 가져온 잡지의 특성을 빨리 파악해야 한다. 패션, 영화, 스포츠, 취미 등 해당되는 주제의 내용을 잡아 내는 것이 중요하다. 콜라주를 할 때는 비교적 대상물이 큰 사진을 골라야 표현하기 수월하다.

그런데 여기서 한 가지 변수가 있다. 콜라주의 특성상 잡지의 주제를 그대로 표현하면 오려 내기 이상의 효과를 주지 못한다. 예를 들어 화장품 모델로 나온 배우의 사진을 오려 화장품과 같이 배열하면 원래 잡지의 내용과 차이가 없어 별 감흥이 없다. 이때 화장품과는 전혀 다른 성격의 이미지를 배치하면 반전의 효과를 줄 수 있다. 인물은 전신, 반신 혹은 얼굴만 다른 것으로 대체해서 표현하는 것도 허용한다. 여자 몸매에 남자 얼굴이나 예상치 못한 이미지를 붙이면 재미있는 표현이 될 수 있다. 어떤 것을 표현하든 상관없으나 타인에게 혐오감을 주는 것은 지양하도록 주의시킨다.

 모자이크의 실제

모자이크는 콜라주를 하고 난 뒤에 진행한다. 사진과 글을 배치해 콜라주를 하고 나면 빈 여백이 생긴다. 이때 여백을 메우는 데 모자이크 기법을 쓸 수 있다. 잘게 자른 종이를 붙이는 것이다. 물론 아예 처음부터 모자이크화를 별도로 진행할 수도 있지만, 아이들이 도화지 전체를 모자이크로 표현하려면 자르고 붙이는 과정의 연속이라 힘들어 하기 때문에 얼렁뚱땅 미술 교실에서는 콜라주와 결합된 모자이크화를 진행하고 있다.

모자이크 기법으로 작품을 만들 때도 역시 두 가지 방법이 있는데, 하나는 종이를 잘라 스케치해 둔 곳을 메꾸는 방법이다. 다른 하나는 서로 다른 내용의 사진을 오려 붙여 하나의 모자이크화로 만드는 방법이 있다. 예를 들면 얼굴을 표현하는데 얼굴선, 눈, 코, 입을 서로 다른 사람의 것으로 표현하는 것이다.

콜라주와 모자이크화를 함께 하는 이유가 여기 있다. 이렇게 표현하면 콜라주인지 모자이크화인지 구별이 잘 안 된다. 꼭 구별할 필요 없이 좀 더 색다른 표현, 좀 더 세밀한 표현을 하고 싶은 아이들이 표현의 다양성을 경험케 하는 방향으로 접근하면 좋다.

모자이크 기법에 쓰는 종이는 잡지나 색종이 중 선택하게 한다. 두 종이는 각각 느낌이 다른데, 잡지의 종이로 표현하면 광택을 살릴 수 있다. 색종이는 찢고 붙이기는 쉬우나 밋밋한 느낌을 준다. 이럴 땐 색깔 한지를 추가해 주는 것도 좋다. 색깔 한지와 색종이는 궁합이 잘 맞는다.

등산객이 이상한 마을에 들어섰다. 쌍둥이 괴물이 어디서 나타날지 알 수 없는 마을이다. 네 가지 종류의 삼각형 모양 색종이로 효과를 더했다. 특히 쌍둥이 괴물의 아우라(?)를 표현한 것이 인상적이다.

다리 길이를 다르게 표현하면서 상황을 연출한 작품이다. 좀 더 코믹하게 표현하기 위해 다리가 긴 모델을 찾고 얼굴을 남자로 바꿨다. 사람과 비슷한 인삼을 모델로 등장시킨 것, 심사위원들을 아이들 사진으로 붙인 것이 특히 재미있다.

파티가 전쟁이 되어 버렸다. 장난감 성에서 열린 파티는 결국 큰 싸움으로 번졌다. 검은색 삼각형 모자이크로 어두운 하늘을 표현하고, 글자를 하나씩 찾아 문구를 만들었다. 당황한 공주의 모습도 인상적이다.

표적에 걸린 아이는 어떤 위험에 빠졌을까? 어둠 속에 숨어 있는 음흉한 눈빛의 남자는 무슨 음모를 꾸미는 걸까? 여러 가지 상상을 이끌어 내는 작품이다. 종이를 잘게 잘라 위아래를 꾸민 것이 인상적이다.

본인 작품평 군화 사진을 보고 군대에 있는 사촌 형이 생각났습니다. 저는 전쟁이 없었으면 좋겠습니다. 전쟁을 하면 사람들이 죽거나 다치고 지구는 파괴되니까요.

군화는 다양한 의미를 가질 수 있지만 '정의로운 전쟁은 있는가?'란 문구가 있기에 군화에 어떤 의미를 규정했는지 알 수 있다. 당혹스러운 얼굴의 기자와 파괴된 지구란 문구 옆에 모자의 사진을 붙여 전쟁의 부조리함을 고발하는 듯하다. 또 광택이 나는 군화가 아니라 훈련인지 전투인지 모를 임무를 치렀을 어느 군인의 낡은 군화이기에 더 많은 이야기를 전해 주는 것 같다. 절묘한 배치와 이야기의 전개가 매우 훌륭하다.

콜라주 활동이 주는 심리적 효과

콜라주는 사진이나 그림 또는 물건 등을 도화지에 붙이는 간단한 활동이다. 콜라주 활동을 하다 보면 관심과 흥미를 명료화시키며 부적절한 감정이나 욕구, 불안, 무기력과 같은 불편한 심리적 상태를 쉽게 표현할 수 있도록 도와준다. 그렇다면 어떤 이유에서 콜라주 활동이 치유적인 효과를 얻게 되는 걸까?

1. 상징적 표현은 심리적으로 안정성을 제공한다.

잡지나 신문, 다른 매체를 선택하여 표현하면 구체적이고 집약적이며 상징적이다. 다양한 해석이 가능하여 직접적인 자기표현을 하지 않고도 행위 자체로 긴장감을 덜어 낼 수 있다. 이는 학생의 심리적 방어를 느슨하게 하여 자신의 내면을 자연스럽게 표현할 수 있도록 도와준다.

236

2. 활동 중 발생하는 심리적 퇴행이 편안함을 제공한다.

심리적 퇴행이란 현재 심리발달 단계의 전으로 되돌아가는 것을 말한다. 큰 충격을 받는 사건이 있으면 자신도 모르게 심리적 퇴행을 겪는데, 과거 단계로 돌아가면서 자신이 경험한 스트레스나 불안에서 벗어나려는 방어기제인 것이다. 콜라주 활동은 대부분 오리고 찢고 붙이는 기초적인 활동이다. 이는 어린 시절로 돌아간 느낌이 들게 한다. 따라서 심리적 퇴행을 통해 활동의 편안함을 느끼고 긴장을 해소시키는 효과를 얻을 수 있다.

3. 투영된 작품 속에서 자신의 스토리를 만들고 의미를 부여한다.

작품에 투영된 자신의 생각이나 욕구를 다양한 스토리로 엮어 낼 수 있으며, 의미를 부여하는 과정에서 자신을 개방시키고 마음속에 머물러 있던 생각들을 구체화시킨다. 이는 내면의 생각들을 분석하고 이해하는 계기가 되어 자신의 생각에 대한 확신을 더할 수 있다.

이처럼 콜라주는 부담 없이 시작하고, 자신의 내면을 선명하게 파악하여 인식할 수 있도록 도와주는 간단하면서도 강력한 미술 활동이라고 할 수 있다.

Project 6

비의도성의 끝판왕,
마블링

마블링은 우연적 요소를 기반으로 뜻하지 않은 멋진 색채들의 조합
을 만들어 내는 미술 기법이다. 유성물감을 물 위에 뿌리고 그걸 종
이로 찍어 내는 활동이다.

물 위에 뿌려진 유성물감은 그냥 퍼지는 것은 아니라 둥근 원을
그리면서 퍼져 나가다가 색소가 다시 분리되어 띠를 만들기도 한
다. 즉 하나의 색이라도 그 안에는 여러 가지 색소가 합쳐져 있는데
물에 퍼지면서 분리되는 것이다. 거기다가 색의 숫자를 늘리거나
떨어뜨리는 물감의 방울 수를 늘릴수록 퍼지고 중첩되어 갈라지는
다양한 모습을 관찰할 수 있다.

눈으로 보여지는 모습을 사진을 찍듯이 종이로 찍어 내는데, 찍
어 내는 속도나 방향, 심지어는 물의 찰랑거림마저도 변화를 주기
때문에 방금 본 모양을 완벽하게 도화지에 재현할 수는 없다. 유성

물감과 물의 만남, 퍼지고 찍어 내는 과정은 그 어느 것도 의도할 수 없는 활동이다. 다양한 얼룩과 모양은 살아 숨 쉬는 듯하고, 도화지에 찍어 낸 후에도 그 역동성이 느껴진다.

그렇다면 마블링은 의도된 문양이나 모양을 표현할 수 없을까? 정확한 표현을 기준으로 하면 불가능에 가깝고, 대략의 형태라면 가능할 수도 있다.

마블링의 실제

마블링은 얼렁뚱땅 미술 교실에서 가장 마지막에 하는 활동인데, 활동 내용이나 기법으로 보면 가장 간단하면서도 즉각적으로 표현할 수 있다. 특히 마블링은 할 때마다 표현이 다르고 새로워서 아이들이 가장 즐거워하는 프로젝트이다. 물론 세밀한 표현을 잘하는 아이들이 전혀 의도할 수 없는 마블링을 표현할 때도 독특하고 색다른 표현을 찾아낸다.

마블링은 특별한 준비물이 필요하다. 대형 대야이다. 보통 도화지 한 장을 펼쳐서 넣을 수 있을 크기면 된다. 플라스틱으로 만든 대야를 4명 한 조를 기준으로 준비한다. 마블링 물감은 석유를 이용하면 지울 수 있으나 한번 마블

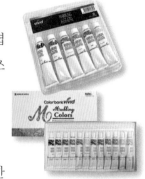

링 물감이 묻은 대야는 다른 용도로 쓰기 어렵기 때문에 같은 크기의 대야를 준비해서 다 쓰고 난 뒤 마블링 전용 대야로 포개 두고 보관하는 것이 좋다.

마블링 물감은 6색과 12색이 가장 일반적인데, 얼렁뚱땅 미술 교실에서는 6색을 사용한다. 몇 차례 시도할 수 있도록 모듬별로 2개씩 준다. 예산이 허락하면 2개씩 더 주어서 한 번 더 해 보는 것도 좋다.

12색보다 6색을 사용하는 이유는, 마블링 물감은 물에 닿는 순간 퍼지면서 채도의 변화가 일어나거나 숨어 있는 다른 색이 나와서 두세 개의 다른 색만 섞어도 색이 부족해서 표현이 어려운 일은 별로 없기 때문이다.

마블링은 붓은 필요 없지만 뭔가 그릴 도구가 필요하다. 가장 좋은 도구는 꼬치 요리를 할 때 쓰는 대나무 꼬치이다. 이것이 없으면 이쑤시개나 나무젓가락을 사용해도 된다. 꼬치는 물 위에 떠 있는

물감을 찔러 보거나, 길을 내 주거나, 휘저어 주는 도구로 사용한다. 대나무 꼬치가 좋은 이유는 끝이 뾰족하게 처리되어 있어 좀 더 세밀한 표현에 적합하기 때문이다. 마지막으로 종이는 매우 많이 필요하다. 보통 2시간 수업

을 하면 아이 한 명당 10장 이상 사용한다.

마블링은 크게 '물 넣기 → 물감 떨어뜨리기 → 종이에 찍기 → 그늘에 말리기'의 네 단계로 진행한다.

준비해 둔 플라스틱 대야의 1/3~1/2 정도 물을 채우는 것이 좋다. 물은 마블링이 끝날 때까지 버리지 않고 재활용해도 된다. 남은 마블링 물감이 물에 떠서 지저분하다면 다른 종이로 물감 자체를 떠내면 깨끗한 상태가 된다.

색소를 기름에 섞었기 때문에 마블링 물감은 떨어뜨리기 전에 흔들어 섞어 주는 것이 좋다. 처음 해 보는 아이는 마블링 물감에 적응하는 시간이 필요하다. 한두 방울 떨어뜨려 보고 어떻게 변하는지, 언제 찍어야 하는지 가늠해 본다. 몇 장 실패하는 것은 당연하기 때문에 종이는 많이 준비해 둔다. 대나무 꼬치를 사용할 땐 보다 부드러운 터치가 필요하다. 살짝살짝 터치해도 계속적으로 표면의 모양이 변하는 것을 볼 수 있다.

종이에 찍을 때는 다소 주의가 필요하다. 어려워서가 아니라 한 번도 해 보지 않은 아이들일수록 손에 물감을 묻히지 않으려고 소심하게 찍어 내는데, 소심하게 찍어 내면 다음의 사진처럼 화면 전체를 다 살릴 수 없다. 따라서 한 번에 과감하게 찍어 내든지, 나눠 찍더라도 골고루 찍혀 나올 수 있도록 하는 것이 좋다. 물론 일부만 찍은 작품이라고 해서 의미가 없는 것은 아니나, 의도한 일부가 아

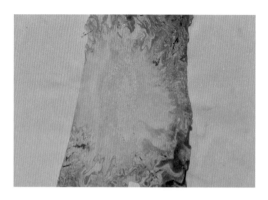

니라면 도화지 전체를 다 사용하는 것이 좋다.

평소보다 많은 작품이 나오기 때문에 신문지를 넓게 깔아 작품을 말려야 한다. 혼자서도 여러 장의 작품을 만들 수 있기 때문에 그중 가장 인상적인 작품을 고를 수 있는 안목도 키운다.

영화 〈쥬라기 공원〉에 나오는 공룡의 피를 빨고 난 직후 호박 속에 갇힌 모기가 연상된다. 어떤 아이는 엄마 배 속에 있는 아기 같다는 이야기도 했다. 가운데를 한 번 찍고 양옆을 다시 찍어서, 비슷한 색의 계열인데도 가운데는 진하고 나머지는 부드럽게 보인다.

붉은 용암이 푸른 땅 위를 휘젓는 듯한 느낌을 준다. 푸른색과 붉은
색의 조화가 인상적이다. 자세히 보면 노란색이 그 가운데를 흐르
는 물줄기처럼 표현되었다. 나무젓가락으로 살짝 흔들고 난 뒤 바
로 찍어 낸 작품이다.

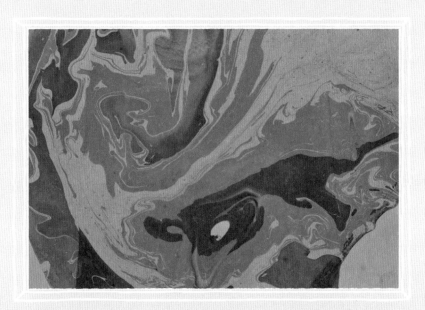

흑백 마블링이다. 검은색 하나로 찍어 냈다. 또 특이한 점은, 이 작품을 표현한 아이는 나무젓가락이 아니라 입으로 살짝 불어 생긴 물결을 찍어 냈다. 여러 번 찍어서 가장 느낌이 좋은 작품 하나를 골랐다.

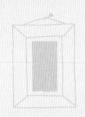

여러 색깔을 쓰거나 나무젓가락으로 너무 많이 쪼개면 좋은 느낌의 작품이 나오지 않는다. 이 작품은 마블링할 때 피해야 할 방법을 사용했음에도 우연히 느낌이 좋은 작품이 나왔다. 오른쪽 위로는 물감이 몰려 있고, 왼쪽 중간 부분은 옅은 느낌이 나서 절묘한 균형을 이룬다.

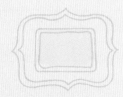

찍으면 찍을수록 색이 옅게 되어 강렬한 색으로 찍어 보고 싶었습니다. 물감이 퍼질 때 나무젓가락으로 살짝만 돌렸습니다. 그리고 손으로 살짝 바람을 일으켜서 표현해 봤습니다. 완성하고 보니 깊은 산속 귀신이 사는 동네가 표현된 것 같습니다. 빨간색 쌍둥이 마시멜로를 쳐다보는 귀신이 표현되었습니다.

마블링을 하다 보면 의외로 물감이 가진 본래의 색깔이 잘 표현되지 않는 경우가 많다. 마블링 물감의 특성상 잘 퍼져 색이 옅어지고 서로 잘 섞이기 때문이다. 그럼에도 강렬한 색상으로 뽑아 냈다.

작품은 판타지 영화의 한 장면을 보는 듯하다. 강렬한 색상이 단단하게 아래를 받치고, 중간의 흐릿한 지점이 변화의 모습을 보여 준다. 중간부터 상단까지는 수직으로 표현되어 멀리 있는 산을 보는 듯한 느낌을 준다. 아이가 이야기하는 마시멜로는 이 동네에 왜 갔을까? 귀신과 마시멜로는 무슨 이야기가 있을까? 봐도 봐도 재미있는 이야기가 많이 생기는 작품이다.

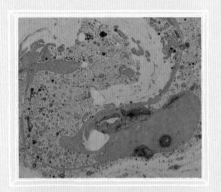

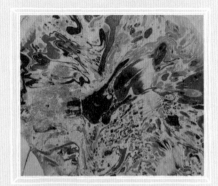

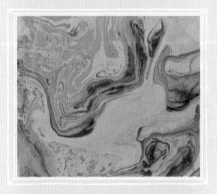

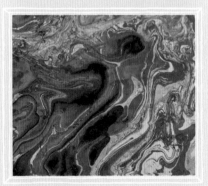

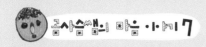

계획된 우연
(Planned Happenstances)

스탠퍼드대학교 존 크럼볼츠(John Krumboltz) 교수는 '계획된 우연'이라는 개념을 주장하였다. 그는 인간은 수많은 우연적 사건을 경험하며 살아가는데, 이것이 그 사람의 진로와 삶에 크고 작은 영향으로 작용한다고 보며, 이런 우연한 사건들은 자신의 노력에 따라 그 방향이 결정된다고 보았다.

마블링을 비롯한 우연적 요소를 강조한 미술 활동(데칼코마니, 불어서 표현하기 등) 과정은 어쩌면 계획된 우연과 같은 모습을 보여 준다. 색의 조합이나 형태 등은 작가가 통제하기 어렵지만 기본적으로 어떤 색을 쓸지, 또 어떤 모습으로 형태를 구성할지는 작가가 의도하기 때문이다. 이처럼 실제의 삶도 우연 속의 일상과 그 속에서 이루어지는 경험의 연속이고, 생각하지 못한 변수에 여러 가지 다양한 경험을 더하게 되는 계획된 우연에서 우리는 지혜를 발견할 수 있어야 한다.

존 크럼볼츠 교수는 삶을 윤택하게 하기 위한 몇 가지 삶의 태도를 지녀야 한다고 주장하였다.

첫째 호기심(curiosity)이다.

변화무쌍한 삶 속에서 호기심은 배움과 성장을 일으키는 원동력이다. 특히 세상의 지식이 매우 빠른 속도로 업데이트되는 요즘에는 그 중요성이 높아지고 있다.

둘째 인내심(persistence)이다.

삶에서 마주하게 되는 여러 가지 사건과 경험은 항상 달콤하지만은 않다. 어떤 경험도 단순한 우연으로 넘기지 않고 필연으로 만들기 위해서는 인내하는 마음이 필요하며, 이는 긍정적인 필연을 만들어낸다.

셋째 융통성(flexibility)이다.

다양한 규칙과 규범이 혼재해 있는 세상 속에 함몰되지 않기 위해서는 다양한 관점을 함께 조망하고, 그것을 삶으로 연결시킬 수 있는 유연성과 융통성이 필수적 요건이다.

넷째 낙관성(optimism)이다.

어떤 경험에서도 의미를 찾고, 그것이 가지고 있는 의미와 본질을 이해하는 것이 필요하다. 경험이 주는 정보 속에서 그것의 본질을 이해할 때 삶은 희망적이다.

다섯째 **위험 감수(risk taking)이다.**

도전하지 않으면 실패하지 않지만, 성취하거나 갖고 있을 수도 없다. 백퍼센트 확실한 것은 아무것도 없는 것이 삶이다. 불확실성에 불안해 하기보다는 위험을 감수하고 자신이 바라는 바를 실천하려는 노력이 필요하다.

이처럼 미술 활동을 통해 얻는 결과물뿐만 아니라 활동 과정 속에서 얻을 수 있는 심리적 요소들을 인식시키고 환기시키는 것은 미술 활동을 보다 폭넓고 깊게 확장시키는 효과를 갖는다. 어쩌면 미술뿐만 아니라 우리 일상에서도 필요한 태도나 자세이기 때문이다.

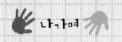
세상의 아름다움을 내 것으로 만드는 미술 교실

'수포자'라는 말을 들으면 우리나라 교육을 둘러싼 부정적 맥락들을 대변하는 것 같아서 교사로서 씁쓸함을 지울 수 없다. 수학 교육과정의 목표를 살펴보면 수학은 포기할 과목이 아니라 오랜 벗처럼 생활 속에서 도움을 주는 교과목이다. 사실 이는 다른 과목도 마찬가지일 수 있다.

초등학교에 갓 입학하면 아이들은 모든 과목을 즐겁게 배우지만, 고학년이 될수록 체육을 제외한 대부분의 과목을 지루해 하거나 자신 없어 하는 경우를 심심치 않게 보았다. 특히 미술 교과의 경우 재미있지만 잘하지 못한다는 생각을 많이 하는 듯하다. 심지어 몇몇학생은 자신은 '미술을 못하는 존재'라고 규정 지으며 그 시간에 엉뚱한 활동을 하여 지적을 받기도 한다. 도대체 왜 이런 현상들이 일어날까, 하는 의문을 갖고 있을 때 차승민 선생님의 '얼렁뚱땅 미술 교실'에 대한 이야기를 들었다. 학생들이 미술 수업을 보다 즐겁게 접하고, 다양한 활동을 통해 자신의 마음에 귀 기울이는 모습을 상상해 보니 무척 흥미로웠다. 우리 학교에는 미술 전담교사가 있기 때문에 나에게는 해당되지 않았으나, 듣는 것만으로도 두근거리고 신이 났다. 아마 나의 어린 시절이 떠올랐기 때문이다. 사실 나 역시도 미술을 못한다고 생각하는 학생이었다. 미술 시간은 항상 잘 그려야 한다는, 똑같이 그려야 한다는 압박감에 짓눌려 있었던 기억뿐이다. 그런데 이 책 『얼렁뚱땅 미술 교실』의 미술 시간은 잘 그려야 하는 시간이 아니라 못 그려도 되고, 얼마든지 다시 그려도 되는 자유로운 시간이다.

얼렁뚱땅 미술 교실은 미술 기법적인 측면에서는 비전문가의 수업이지만 미술 활동을 대하는 태도나 과정을 보면 학생이 자신의 내면을 들여다보고 교사와 친구들과의 관계를 통해 스스로를 치유할 수 있는 다양한 심리적 장치가 담겨 있다. 그런 면에서 얼렁뚱땅 미술 교실은 다른 과목으로도 전이될 수 있는 가능성이 많고, 또 그렇게 되길 바란다. 그래야 우리 학생들이 학교생활에서 다양한 효능감을 얻고 자존감을 회복해 나갈 수 있을 테니까 말이다.

언제부터인가 우리 학생들에게서 활기나 유쾌함, 당당함이 잘 느껴지지 않는다. 30년 전에 비해서 아는 것은 더 많은데, 행동은 그 시절보다 어려 보인다. 학교, 가정, 사회에서 학생들의 자존감을 높이자고 주장하고, 또 그렇게 가르치지만 어찌된 일인지 되려 자존감은 평균적으로 낮아진 것 같다. 무엇보다도 내가 살고 있는 이 세상이 가진 아름다움을 느낄 여유가 없어 보인다. 어른만큼 바쁜 일상을 살고 있는 우리 아이들에게 세상의 아름다움을 만나고 감성을 느낄 수 있도록 신나는 미술 시간을 선물하면 어떨까?

인간의 모든 활동은 결국 욕구와 내면의 표현으로 수렴되는데, 얼렁뚱땅 미술 교실을 통해 자유롭게 자신의 생각을 표현해 가는 학생들이 더 많아지길 바란다. 또한 여러 선생님들께도 '이 정도는 나도 할 수 있겠다!'라는 자신감을 갖게 하는 계기가 되길 바란다.

지은이 김태승

그림으로 아이들의 마음을 읽는

얼렁뚱땅 미술교실

초판 1쇄 발행 2019년 6월 20일

지은이 ┃ 차승민·김태승
발행인 ┃ 송진아
편 집 ┃ 정지현
디자인 ┃ 강태영
제 작 ┃ 제이오엘앤피
펴낸곳 ┃ 푸른칠판
등 록 ┃ 2018년 10월 10일(제2018-000038호)
주 소 ┃ 경기도 안산시 단원구 광덕2로 216 709-701
팩 스 ┃ 02- 6455 - 5927
이메일 ┃ greenboard1@daum.net

ISBN 979-11-965375-1-7 13370

• 이 도서의 국립중앙도서관 출판예정도서목록(CIP)은 서지정보유통지원시스템
  홈페이지 (http://seoji.nl.go.kr)와 국가자료공동목록시스템(http://www.nl.go.kr/kolisnet)에서
  이용하실 수 있습니다. (CIP제어번호: CIP2019020232)